KiWi 28 Mary McCarthy
Florenz

Mary McCarthy

Florenz

Aus dem Amerikanischen
von Ursula Bethke

Kiepenheuer & Witsch

Title of the American edition *The Stones of Florence*,
published by arrangement with Harcourt Brace Jovanovich, Inc.
Deutsch von Ursula Bethke

Umschlag Hannes Jähn, Köln
Gesamtherstellung Druckerei May & Co., Darmstadt
ISBN 3 462 01571 0

»Für Roberto Papi«

Danksagung

Florentiner haben mir versichert, daß die Florentiner geizig und wenig gastfreundlich seien; in meinem Buch habe ich das gutgläubig erwähnt und Beispiele dafür angeführt. Doch wenn die Behauptung stimmt, dann sind alle gebürtigen und zugewanderten Florentiner, die ich näher kennengelernt habe, Ausnahmefälle. Wollte ich all diese Ausnahmen aufzählen und berichten, wie tief ich in ihre Schuld geraten bin, so würde das noch ein zusätzliches kurzes Kapitel füllen, und ich nenne daher nur diejenigen, die mir bei diesem Buch direkt geholfen haben. Da sind zuallererst Roberto Papi und seine Frau Vittorina; ihre Freundlichkeit und warmherzige Großzügigkeit würden selbst unter den Engeln im Himmel auffallen.

Mein herzlicher Dank gilt auch Aldo Bruzzichelli, Fräulein Nicky Mariano, Frau Dr. Hanna Kiel, Signora Titina Sartori, der Gräfin Christina Rucellai, Professor Ulrich Middeldorf, Bernard Berenson, Herrn Reverend Victor Stanley und Sabatina Geppi.

Dr. Middeldorf vom Deutschen Institut in Florenz hat mir bei der Bildauswahl (bei der Originalausgabe) geholfen und freiwillig die Aufgabe übernommen, mir die Arbeit zu erleichtern. Das Institut ist ein Musterbeispiel für alle Kunstbibliotheken und sein Leiter das Muster eines Gelehrten.

Dr. Ugo Procacci von der Soprintendenza delle Belle Arti erteilte großzügig Genehmigungen aller Art, einschließlich der Foto-Erlaubnis. Er ist für die Restaurationen im Bezirk

Florenz zuständig, und seiner rastlosen Tätigkeit verdankt die Welt die Erhaltung vieler Fresken und anderer Kunstwerke.

Die Schwarzweißstudien von Evelyn Hofer wurden speziell für dieses Buch aufgenommen, wobei ich erwähnen möchte, daß Fräulein Hofer sich mutig den Gefahren des Florentiner Straßenverkehrs ausgesetzt hat. In ihren Aufnahmen hat sie das, was mir an Florenz wesentlich erscheint, verblüffend getreu festgehalten.

Schließlich gilt mein Dank der Stadt Florenz und allen Florentinern der Vergangenheit und Gegenwart. Ich stimme jenem Papst zu, der sie das fünfte Element genannt hat.

Ich hoffe, daß die Leser des Buches über ein paar Ungenauigkeiten bei der Schilderung des heutigen Florenz großzügig hinwegsehen. Die Via Romana zum Beispiel ist inzwischen Einbahnstraße geworden, und die Ponte Vecchio ist jetzt für den Verkehr gesperrt. Doch das kann sich im nächsten Jahr wieder ändern. Auch seinen Autoren ist Florenz immer einen Schritt voraus.

I

»Wie halten Sie das aus?« Das ist das erste, was durchreisende Besucher fragen, wenn sie im Sommer nach Florenz kommen; und diese Frage bleibt gleichsam in der Luft schwebend, wenn sie auf dem schnellsten Wege nach Venedig weiterreisen. Sie meinen damit den Lärm, den Straßenverkehr und die Hitze – und noch etwas anderes, etwas, das sie nur zögernd aussprechen, wenn sie daran denken, welch allgemeines Entzücken die Stadt früher hervorgerufen hat: die Tatsache, daß ihnen Florenz öde, langweilig und provinziell erscheint. Amerikaner, die Florenz ein wenig kennen, vergleichen es mit Boston. Es steckt voller Banken, Kreditinstitute und Versicherungsfirmen, voller Geschäfte, in denen es Tellerdeckchen und lederne Schreibtischgarnituren gibt. Von den Raffaels und Botticellis in den Museen hat man schon Hunderte von Kopien gesehen; bei den Bauten und Skulpturen fällt einem unwillkürlich die Schulzeit ein. Für den heutigen Geschmack gibt es in Florenz zuviel Renaissance: zu viele »Davids« (Kopien der gigantischen weißen Statue von Michelangelo stehen auf der Piazza della Signoria und dem Piazzale Michelangelo; das Original befindet sich in der Akademie), zuviel Rustika, zuviel glasierte Terrakotta, zu viele Madonnen mit Bambini. In den langweiligen Cafés an der öden Hauptpiazza, die in der Mitte einen Parkplatz hat, sitzen stämmige Damen in strenger Kleidung beim Tee, und alte Herren mit Spazierstöcken lesen die Zeitung. Haltbare, kräftige Bauernblumen, wie Zinnien und Dahlien, werden auf dem Mercato Nuovo verkauft, daneben Strohtaschen, Marktkörbe und Taschenbücher.

Daß Neapel beliebt ist, begreift jeder Reisende, selbst wenn er diese Liebe nicht teilt. Venedig versteht er, Rom und Siena. Aber Florenz? »Niemand kommt mehr hierher«, sagte der alte Berenson in seiner Villa in Settignano und verzog bedauernd das Gesicht. Die hallende Skulpturengalerie des Bargello gibt ihm recht: fast niemand besucht sie. Die große gewölbte Haupthalle scheint voller marmorner Geister: San Giorgio, San Giovanni, San Giovannino, die toten Götter und Schutzheiligen der Stadt. Die uniformierten Wächter, die bei den Werken von Donatello, Desiderio, Michelozzo, Luca della Robbia, Agostino di Duccio Posten stehen, fallen geschwätzig über die seltenen Besucher – meist Kunsthistoriker – her und lassen sie kaum wieder fort, denn in ihrer Einsamkeit freuen sie sich wie Gefangene in Einzelhaft über jede Abwechslung. Ganz anders die Uffizien: sie werden täglich von Barbarenhorden aus dem Norden erstürmt, Schwadronen von Touristen kommen in Shorts, in Sandalen oder Nagelschuhen, mit Marschverpflegung und Kameras, und werden von ihren Führern in Scharen hineingetrieben, um die »Geburt der Venus« zu betrachten.

»Il Diluvio Universale«, bemerkte ein Florentiner traurig, anspielend auf Paolo Uccellos Sintflut-Fresko. Dagegen läßt sich nichts sagen. »Niemand kommt mehr hierher« – das ist lediglich die andere Seite, die Begleiterscheinung jenes Phänomens des Massentourismus – der Sintflut. Die Massen dringen dort ein, wo der wählerische Tourist geflohen ist. Fast niemand kümmert sich um Donatellos »David« im Bargello, der ersten Aktstatue der Renaissance, oder um San Giorgio oder San Giovannino von Donatello oder die *cantorias* tanzender Kinder im Dom-Museum. Michelangelo und Cellini aber locken Scharen von Schaulustigen herbei, die bereitwillig staunen. Diese schwerfälligen Massen mit ihren mehrsprachigen Führern in den Uffizien, im Palazzo Pitti, vor den Türen des Baptisteriums und den Medici-Gräbern, in der Zelle Savonarolas und im Hof des Palazzo Vecchio gehören zu dem, was Florenz unerträglich und auch unverständlich macht für jene Menschen, für die es früher eine Passion war. »Wie halten Sie das aus?«

Florenz ist eine männliche Stadt; dagegen sind die Kunststädte, die das moderne Empfinden mehr ansprechen, so weiblich wie Venedig und Siena. Was heute den Touristen an Florenz stört, ist, daß die Stadt keine Zugeständnisse an das Vergnügungsprinzip macht. Geradlinig und direkt steht sie da, ohne den Schimmer des Geheimnisvollen, Einschmeichelnden, ohne Borten und Schnörkel. Vor dem Hintergrund des grünen Arno hat die ockerbraune Reihe der Hotels und Palazzi das ordentliche Aussehen eines angetretenen Regiments. Die tiefen melonen- und mandarinenfarbenen Schatten, die man in Rom sieht, die Rosatöne von Venedig und Siena, das Rot von Bologna sind aus Florenz wie durch Amtserlaß verbannt. Von Senf- und Lederfarben wandert das Auge über Ecru, Blaßgelb und Creme zum ernsten Schwarz-Weiß des Baptisteriums und der Fassade von Santa Maria Novella oder zum Dunkelgrün und Weiß und dem blinkenden Gold von San Miniato. Am Dom, an Giottos Campanile und der Fassade von Santa Croce nimmt man einen Anflug von Rosa wahr, der diesen Gebäuden ein seltsam festliches Aussehen gibt, so, als wären sie für einen Ball herausgeputzt. In die strenge Atmosphäre dieser Stadt paßt sogar der schwarzweiße Florentiner Vogel – die Schwalbe, ein Junggeselle im Frack, wie die Florentiner sagen.

Die großen Bildhauer und Architekten, die das Bild der Stadt auf Jahrhunderte hinaus prägten – Brunelleschi, Donatello, Michelangelo –, waren sämtlich Junggesellen. Mönche,

Soldatenheilige, Propheten, Eremiten sind die Helden der Stadt gewesen; Johannes der Täufer, der von Heuschrecken und Honig lebte und sich in zottige Felle kleidete, ist ihr Schutzheiliger. Außer der Madonna mit dem Jesusknaben spielen weibliche Heilige in der florentinischen Ikonographie kaum eine Rolle. Santa Reparata, eine kleine syrische Heilige, einstmals Patronin des Domes, vom Volke verehrt und geliebt, wurde zu Anfang des 15. Jahrhunderts von der Madonna (Santa Maria del Fiore) abgelöst. Eine der wenigen weiblichen Gestalten, außer der Madonna, die die Phantasie der Florentiner beschäftigten, war Magdalena als Büßerin und Wüstenwanderin. Eine hagere Magdalenenfigur von Donatello steht im Baptisterium: eine furchterregende braune Gestalt, umhüllt von einem Kleid aus wallenden Haaren, die anmuten wie ein langer Bart, so daß man die Figur auf den ersten Blick für einen Mann, auf den zweiten fast für ein Tier halten könnte. Eine zweite Holz-Magdalena mit langen Haaren, von Desiderio, befindet sich in der Kirche Santa Trinità.

Viele Florentiner Paläste sind heute im Innern recht wohnlich und haben hübsche Gärten, von außen aber wirken sie wie Trutzburgen oder Kerker, und ihre dicken Mauern mit dem rauhen Bossenwerk scheinen jeder Vorstellung von Gastfreundschaft hohnzusprechen. In Venedig kann man vom Canal Grande aus durch die offenen Fenster der Paläste einen flüchtigen Blick auf funkelnde Leuchter und gemalte Decken werfen, und auch dem nüchternsten Touristen fällt es nicht schwer, Visionen von großen Bällen, von Spiel und Flirt in diesen glänzenden Räumen heraufzubeschwören. Ganz anders die Paläste von Florenz: sie verbergen ihr Privatleben wie Geizhälse, wofür man übrigens die Florentiner auch hält. Verschwendung ist hier nicht an der Tagesordnung. Ein ungeschriebenes Aufwandsgesetz scheint lediglich dann zu herrschen, wenn es um Repräsentation geht. Die berühmte Florentiner Eleganz, die auf der Via Tornabuoni und Via della Vigna Nuova die Touristen magnetisch in die Läden lockt, zeichnet sich durch strenge Linien, Einfachheit und sparsam angewandte Effekte aus. In dieser Stadt der Sparsamkeit gilt die Regel des *nihil nimis.* Eine Bettlerin, die ihren Standplatz vor dem Palazzo Strozzi hat, weist immer, wenn ein Florentiner ihr versehentlich zweimal am Tage etwas gibt, das zweite Almosen zurück. Auch die Armut hat hier ihren Anstand; sinnlose Verschwendung wird mißbilligt. Es ist eine Stadt der Dauerhaftigkeit, eine Stadt aus Stein. Oft haben Fremde mit Überraschung festgestellt, daß die Florentiner ihre Armen lieben; denn die Armen sind das Spiegelbild von Florenz: trocken und knapp in der Rede, pessimistisch, originell, unbeirrbar. »Pazienza!« ist ihr ständiger, achselzukkend erteilter Rat, und wenn man sie fragt, wie es ihnen gehe, bekommt man zur Antwort: »Non c'è male« – »Nicht schlecht«. Eine gute Nachricht nehmen sie entgegen mit: »Meno male«, wörtlich: »Weniger schlecht«. Diese Menschen sind Härte gewohnt, die bei dem schwer erträglichen Klima und den engen, überfüllten Wohnungen beginnt.

Am schlimmsten ist der Sommer. Das Tal des Arno gleicht einem natürlichen Backofen, in dem die Stadt den Juli und August hindurch fast ununterbrochen schmort. Venedig hat das Meer, Rom eine frische Brise und die vielen Brunnen; Bologna besitzt Arkaden, Siena liegt hoch. Zwischen den glühenden Steinen von Florenz aber gibt es keine Erholung. Manche Leute behaupten, in Fiesole oder in der Nähe der Boboli-Gärten sei es kühler; doch das ist keinesfalls so, oder zumindest ist der Unterschied kaum der Rede wert. Für die Bevölkerung wie für die Touristen sind die Kirchen der einzige Zufluchtsort außer dem Kaufhaus UPIM (eine Mailänder Firma), das luftgekühlt ist, und abgesehen vom eiskalten, von Blumenbeeten umgebenen Schwimmbad des Tennisklubs im Cascine, das nur wenige Touristen kennenlernen und das für die meisten Einheimischen zu teuer ist. In den Boboli-Gärten ist es vor Sonnenuntergang zum Spaziergehen zu heiß, und am Abend sind sie geschlossen. In manchen italienischen Städten sind wenigstens die Kunstgalerien kühl, die Uffizien jedoch mit ihren kleinen Räumen und den langen verglasten Korridoren sind erstickend heiß. Und der Palazzo Pitti steht auf einem hitzeflimmernden kiesbedeckten Platz und wirkt mit seinen ausladenden Seitenflügeln wie eine riesige braune Flugeidechse, die in der grellen Sonne dahindämmert. Hinter dichten Vorhängen und Jalousien führen die Stadtbewohner ein nächtliches Leben am hellen Tage, Fledermäusen ähnlich, die sich vor dem Licht verkriechen, und nur zum Mittagessen brennt schwaches elektrisches Licht. Um sieben Uhr abends tönt es dann wie langanhaltendes Donnergrollen durch die Stadt: Die Jalousien werden hochgezogen, um den schwindenden Tag hereinzulassen. Und dann sind die Mücken da.

Für den Touristen ist es nach zehn Uhr vormittags zu heiß für Besichtigungen, bei geschlossenen Fenstern zu stickig für ein Schläfchen und zu dunkel zum Lesen; denn der elektrische Strom ist teuer und die einzige Glühbirne, die in den meisten Pensionen und Hotels zum Lesen zur Verfügung steht, kaum heller als eine Kerze. Wer auszugehen versucht, setzt sich den Gefahren des Straßenverkehrs aus. Die Gehsteige sind nichts anderes als schräge Randsteine am Fuß der Häuserfronten. Kommt einem jemand entgegen, muß man auf die Straße ausweichen. Wagt man sich etwas weiter auf das Pflaster hinaus, um an einem Palast hochzuschauen, wird man mit großer Wahrscheinlichkeit überfahren. Ein Bummel durch Florenz, wie ihn alte Reiseführer empfehlen, ist unter den heutigen Bedingungen fast unmöglich. Viele der berühmten Baudenkmäler sind buchstäblich unsichtbar geworden, weil es kein Fleckchen mehr gibt, von dem aus man sie ungefährdet betrachten könnte. Steht man zum Beispiel dem Palazzo Rucellai oder Orsanmichele gegenüber (oder versucht, dort zu stehen), so bildet man sofort ein Verkehrshindernis, wird von Fußgängern angerempelt, von Autos angehupt, von Kinderwagen und Lieferkarren gerammt. Als Autofahrer kann es einem leicht passieren, daß man jemanden umbringt. Als Fußgänger schimpft man auf alles Motorisierte, als Fahrer auf die Fußgänger – vor allem auf alte Frauen und Kinder und auf jene Touristen, die sich in Stadtpläne und Reiseführer vertiefen.

Eine »typische« Florentiner Straße – das heißt eine Straße mit Sehenswürdigkeiten (alten Palästen, einem Portal von Michelozzo, dem Zimmer, in dem Dostojewski seinen »Idioten« beendete usw.) – ist nicht nur ungewöhnlich eng, ärmlich, dicht bevölkert und von Blumen- und Grünkramläden gesäumt, die ihre Waren auf den schmalen Gehsteigstreifen ausbreiten, sondern sie ist mit größter Wahrscheinlichkeit auch eine vielbefahrene Verkehrsader. So bildet die Hauptverbindungsstrecke nach Siena und Rom auch heute noch der alte »Römische Weg«, die Via Romana. Sie beginnt draußen vor dem alten gewölbten Storchtor, der Porta Romana (1326; Fresko von Franciabigio im Bogenfeld), wendet sich nach Nordosten, führt vorbei an den Klostergärten von Annalena zur Linken und dem zweiten Boboli-Tor zur Rechten und weiter zur Kirche von San Felice (Fassade von Michelozzo) und zum Palazzo Pitti. Von hier an heißt sie Via Guicciardini und verläuft nun am Palazzo Guicciardini (dem Geburtshaus des berühmten Historikers) und an der altertümlichen Kirche Santa Felicità (»Kreuzabnahme« von Pontormo in einer Kapelle von Brunelleschi) vorbei zur Ponte Vecchio, die sie überquert. Hier ändert sie abermals ihren Namen und heißt

Por Santa Maria. Schließlich, kurz vor dem Stadtzentrum, nennt sie sich Calimala. Der Verkehr auf der Via Romana ist in der Tat recht »typisch«. Auf dem schmalen Gehsteig wandert im Gänsemarsch eine Gruppe schweizerischer oder deutscher Touristen mit nackten Beinen, behängt mit Kameras und ähnlichen Dingen. Wie eine Bergsteigergruppe in den Alpen drücken sie sich in ihren Nagelschuhen eng an den Häusern vorbei. Dabei sind sie die einzigen Fußgänger, die nicht in Lebensgefahr schweben. An ihnen vorüber flutet ein bunter Strom von Menschen und Fahrzeugen in beiden Richtungen: Kinderwagen auf dem Weg zu und von den Boboli-Gärten, alte Frauen, die zur Kirche wollen oder von dort zurückhumpeln, Handwagen, Fahrräder, Vespas, Lambrettas, Motorräder, Topolinos, ein Wohnwagen, ein Eselskarren vom Lande mit Säcken voller Wäsche, die man nach altem Brauch mit Asche wusch, Cadillacs, Alfa-Romeos, Millecentos, Chevrolets, ein Jaguar, ein Rolls-Royce mit Chauffeur und Florentiner Nummernschild, Trupps kräftiger Arbeiter, die Schreibtische, Spiegel und Schränke schleppen, Kanalarbeiter, die das Pflaster aufreißen, amerikanische Touristen, bewaffnet mit Stadtplänen und Prospekten, Kinder, Künstler aus der Pensione »Annalena«, Büroangestellte, Priester, Dienstmädchen mit Einkaufskörben, die vor den Geflügelläden verweilen und frei herabbaumelnde Kaninchen befühlen, Straßenreiniger auf Fahrrädern mit Müllkästen und Reisigbesen, zwei Jungen, die sich mit einem riesigen hufeisenförmigen Kranz mit Trauerschleife abmühen, große Tourenomnibusse aus dem Ausland, Lastwagen voller Chiantiflaschen, voller Salatkisten und Hühner, Lastwagen mit Olivenöl, das Postauto, ein Telegrafenbote auf einem Fahrrad, das er an den Rinnstein stellt, Volkswagentransporter mit der Aufschrift »US Forces in Germany«, ein Leierkastenmann, Pferdedroschken vom Palazzo Pitti. Es ist, als biete sich dem Zuschauer die gesamte Geschichte der westlichen Verkehrsentwicklung in einer einzigen Straße dar. Hoch über allem schwebt ein Flugzeug. Was hier noch fehlt, ist einzig und allein eine römische Sänfte.

Aber niemand hat Zeit, sich diesem Schauspiel hinzugeben. Allein der Torhüter vor den Boboli-Gärten sitzt den ganzen Tag über gelassen in seinem Stuhl am Portal und scheint in seinem sicheren Hafen unberührt von dem Getöse, das wahrhaft infernalisch und dämonisch ist. Hupen heulen, gellen, kreischen, Getriebe krachen beim Schalten, Bremsen quietschen, Vespas knattern, Reifen singen. Keine menschliche Stimme, nicht einmal der Lautsprecher eines Radios durchdringt den Lärm, der von den rauhen Steinen der Paläste widerhallt. Wie das Arnotal ein natürlicher Backofen ist, so sind die Paläste natürliche Lautverstärker. Der Lärm dringt überallhin und läßt auch nachts nicht nach. Weiter draußen, in den Vorstädten, mischen sich gegen vier Uhr früh Hahnenschreie in das Knattern der Vespas; in der Innenstadt reißt ein Frühschichtarbeiter, der seinen Roller anläßt, fast die ganze Straße aus dem Schlaf. Jedermann beklagt sich über den Krach. Bei offenen Fenstern kann niemand schlafen. Die Morgenzeitung veröffentlicht die Proteste der Hotelbesitzer, die behaupten, ihre Zimmer seien leer, weil die Fremden zu schnell die Stadt verließen. Man müsse etwas tun, womöglich ein entsprechendes Gesetz erlassen. Und in den Hotels selbst ist ein fortwährender Zimmertausch im Gange. Nummer 13 zieht nach Nummer 22, Nummer 22 nach 33, 33 nach 13 oder nach Fiesole. In Wirklichkeit sind sämtliche Zimmer ebenso laut wie heiß, selbst wenn sie einen Ventilator haben. Die Hotelbesitzer wissen das; aber was sollen sie tun? Um die Kunden zufriedenzustellen, stimmen sie höflich und bereitwillig jedem Zimmerwechsel zu, auch wenn er im Grunde niemandem hilft. Wenn ein Gast glaubt, in einem anderen Teil des

Hotels sei es kühler oder ruhiger, weshalb soll man seine Illusion zerstören? Eine wirkliche Besserung läßt sich nicht herbeiführen, bevor der Herbst kommt und man die Fenster schließen kann. Es gibt zwar ein Gesetz, welches Gebrauch von Signalhörnern innerhalb der Stadtgrenzen verbietet; aber in einer Stadt wie Florenz ist es einem Autofahrer unmöglich, ohne Hupen durch den Fußgängerstrom zu kommen.

Was die Vespas und Lambrettas angeht: Mit welchem Gesetz könnte man ihre Motoren zu leisem Laufen bringen? Leser der Morgenzeitung schicken Vorschläge ein. Weitere Vorschläge werden bei einer Versammlung im Palazzo Vecchio vorgebracht: Man solle geräuschlosen Fahrern Abzeichen verleihen, oder der Staat solle gegen die Motorrollerfabrik einschreiten. Polizeistreifen müßten mit Sprechfunk ausgerüstet werden und ermächtigt sein, nächtliche Ruhestörer aller Art festzunehmen. Verordnungen sollten erlassen werden, nach denen ein besonderes Auspuffrohr obligatorisch wird, die es verbieten, den Motor auf vollen Touren laufen zu lassen, oder die die Rollerfahrer aus der Innenstadt fernhalten. Dieser letzte Vorschlag trifft auf begeisterte Fürsprache; nur drakonische Maßnahmen verheißen Erfolg. Doch die Vereinigung der Motorrollerfahrer legt sofort geharnischten Protest ein (»undemokratisch«, »diskriminierend« nennt sie den Vorschlag), und jene Zeitung, die anfangs die Antilärmbewegung angeführt hat, vollzieht rasch eine Kehrtwendung. Denn Florenz ist eine demokratische Stadt, und der Rollerfahrer ist ein *popolo minuto* – ein kleiner Angestellter, Handwerker und Fabrikarbeiter. Es wäre falsch, gibt das Blatt zu, die vielen rücksichtsvollen Rollerfahrer wegen der Sünden einiger »Wilder« mitzubestrafen. Außerdem wäre es unfair, nur den Stadtkern und das Fremdenverkehrsgewerbe zu schützen; auch die Bewohner der Außenviertel hätten ein Recht auf Schlaf. Der Gedanke an die Polizeistreifen, die nach eigenem Ermessen handeln sollen, wird noch einmal aufgegriffen, obwohl die Finanzen der Stadt für ihre Ausstattung kaum ausreichen dürften. Schließlich sieht die Zeitung keinen anderen Weg, als an die *gentilezza* der motorisierten Mitbürger zu appellieren. Das aber ist utopisch: Der Italiener hat keinen Gemeinschaftsgeist. »Und wenn Sie um vier Uhr morgens geweckt würden?« Auf diese für jeden Nichtitaliener so ohne weiteres verständliche Frage, die dazu auffordert, sich in die Lage des anderen hineinzuversetzen, antwortet der Italiener mit Sicherheit: »Aber ich bin doch schon auf!« Ein junger Italiener, der frühmorgens seine Vespa anläßt, versetzt sich nun einmal nicht in die Person eines anderen jungen Italieners, der zu dieser Zeit noch im Bett liegt und schlafen möchte, und noch viel weniger denkt er an ausländische Touristen oder Hotelbesitzer. Darüber hinaus liebt bekanntlich der *popolo minuto* den Lärm. »Non fa rumore«, sagte ein junger Arbeiter aus Florenz geringschätzig, als man ihm einen englischen Roller vorführte, »der macht ja gar keinen Krach!«

Alle Pläne, mit den Florentiner Verkehrs- und Lärmproblemen fertig zu werden, sind utopisch, und es glaubt auch niemand ernstlich an sie. Es sind Träume, mit denen man sich gern beschäftigt: der Plan etwa, alle Motorfahrzeuge aus der Innenstadt zu verbannen (nach dem Vorbild Venedigs) und zu Pferd und Esel zurückzukehren. Oder die Hoffnung, daß irgend jemand (vielleicht die Rockefellers?) auf den Gedanken kommen, ein U-Bahn-Netz durch die Innenstadt zu legen ... Professor La Pira, der christlich-demokratische Bürgermeister von Florenz, entwickelte Pläne zur Behebung der Wohnungsnot: Er erlaubte den obdachlosen Armen, in die leerstehenden Paläste und Villen der Reichen zu ziehen. Aber diese christliche Idee kam mit den Eigentumsgesetzen in Konflikt, und die Armen wurden wieder an die Luft gesetzt.

Ein anderer Traum folgte – das Projekt einer modernen Satellitenstadt in einem Kiefernwald südöstlich von Florenz, für die Arbeiter der Stadt gedacht. Mit Sonderbussen sollten sie zur Arbeit und wieder zurückfahren und dazwischen auch zum Mittagessen heimgebracht werden. Auch dieser noch sehr theoretische Plan wurde blockiert: Eine andere Gesellschaft von Träumern, nämlich Gelehrte, Architekten und Kunsthistoriker, protestierte gegen die drohende Entstellung der toskanischen Landschaft, wies auf die Unausführbarkeit des Entwurfs hin und auf die Mehrbelastung der ohnehin schon überbeanspruchten Landstraßen und Brücken. Eine Tagung mit Wissenschaftlern und Städteplanern aus Rom und Venedig wurde abgehalten. Man hielt feurige Reden und verteilte Flugblätter. Schließlich gewann die Partei, die für die Erhaltung des Landschaftsbildes eintrat. La Pira sah sich inzwischen gezwungen, sein Bürgermeisteramt niederzulegen. (Er war es übrigens auch, der davon träumte, alle Katzen in der Innenstadt auszurotten.)

Aber das Scheitern der Pläne von Sorgane, wie die Satellitenstadt heißen sollte, war nur eine Episode in dem Parteienkrieg, der in der Stadt ausgetragen wird. Straße gegen Straße, Block gegen Block, ähnlich den vergangenen Kämpfen der Schwarzen gegen die Weißen, der Guelfen und Ghibellinen, Cerchi und Donati. Es ist ein unbestimmbarer, hin und her wogender Kampf mit Idealisten auf beiden Seiten, der schon im 19. Jahrhundert begann, damals, als der Dom eine neue Fassade erhielt, das Stadtzentrum modernisiert und die alten Mauern längs des Arno niedergerissen wurden. An diesen ersten Sieg der Mächte des Fortschritts über das alte Florenz erinnert ein Triumphbogen auf der jetzigen Piazza della Repubblica mit einer Inschrift, die besagt, daß man neue Ordnung und Schönheit an die Stelle der alten Ärmlichkeit gesetzt habe. Heute lächeln die Florentiner bitter beim Anblick dieser Inschrift; denn sie ist ein Musterbeispiel unbewußter Ironie: Die Piazza ist heute, wie jeder zugibt, der häßlichste Platz in ganz Italien – ein Unfug, begangen im Rausch nationaler Größe, als Florenz für kurze Zeit die Hauptstadt des neuen Italien war. Diejenigen, die gegen Neuerungen sind, können dieses Beispiel als Argument anführen, und sie haben damit schon manchen Sieg errungen. Trotzdem kann es sein, daß die Kiefern auf dem Hügel von Sorgane eines Tages fallen, wenn sich die Wohnungsnot nicht anders beheben läßt. Denn Florenz ist eine moderne, aufstrebende Stadt – und das ist zum Teil der Grund, weshalb wählerische Touristen es nicht leiden können.

Im vorigen Jahrhundert machten sich die Ausländer von Florenz ein völlig falsches Bild. Hauptursache dafür waren die Bücher des Ehepaares Browning und ihre Leser, die in Florenz ein kostbares Stückchen Altertum sahen. Alte Jungfern und Junggesellen, pensionierte Bibliothekare und Gouvernanten, Amateurmaler, Amateurbildhauer, Amateurdichter, kurz, Amateure und Dilettanten aller Art »verliebten sich in Florenz« und ließen sich dort nieder. Queen Victoria aquarellierte in den Bergen bei Vincigliata; Florence Nightingale erhielt ihren Vornamen nach der Stadt, in der sie 1820 geboren wurde – mit einer Lampe in der Hand als kitschige Statue steht sie im ersten Kreuzgang von Santa Croce. Zu Anfang dieses Jahrhunderts machte sich ein pensionierter Oberst, G. H. Young, der, wie es heißt, nicht einmal Italienisch lesen konnte, zum Anwalt der Medici und gab ein reichlich verworrenes, mehrfach aufgelegtes Werk heraus, in dem er zu beweisen versucht, die Medici seien von demokratischen Geschichtsschreibern falsch dargestellt worden. Bei Turgenjew gibt es eine Geschichte von einem pensionierten Major, der an den Bauern herumdoktert. »Hat er denn Medizin studiert?« fragt jemand. »Nein«, entgegnet ein anderer,

»er tut es mehr aus Menschenfreundlichkeit.« Offenbar war das auch bei Oberst Young der Fall. Oberst Young ist ein typisches Beispiel für jene anglo-amerikanischen Reisenden, die Florenz sozusagen enteigneten, indem sie Villen in Fiesole oder Bellosguardo in Besitz nahmen, die toskanische Flora studierten, Gruselgeschichten von Altarschreinen sammelten, ihre Hunde auf dem Friedhof der protestantischen Episkopalkirche begruben und außer ihrer Dienerschaft kaum einen Florentiner kannten. Elisabeth und Robert Browning in der Casa Duidi, gegenüber dem Palazzo Pitti, schwelgten in florentinischer Geschichte und haßten den österreichischen Usurpator, der ihnen gegenüber wohnte, doch sie mieden den gesellschaftlichen Verkehr mit den Einheimischen; sie hielten sich an ihresgleichen. – George Eliot verbrachte fünfzehn Tage in einer Schweizer *pensione* an der Via Tornabuoni und stellte gewissenhaft den historischen Hintergrund für »Romola« zusammen, einen gefühlvollen Roman aus der Florentiner Geschichte, der rasch zum Bestseller wurde und heute kaum noch bekannt ist. Das Werk rieche nach Bibliotheken, klagt Henry James, und die Vorstellung, die die Ausländerkolonie von Florenz habe, sei genau wie »Romola« aus Büchern gesogen, synthetisch, schwärmerisch, unvollständig, zu ästhetisch und vor allem zu besitzergreifend. Diese Affenliebe (»unser Florenz«, »mein Florenz«) der ausländischen Bewohner enthält wie alle derartigen Gefühle einen entschlossenen Widerstand gegen jede Änderung. Die ganze übrige Welt mochte sich wandeln, über Florenz jedoch wachten seine fremden Besitzer mit eifersüchtigen Blicken, damit es genauso bliebe, wie sie es entdeckten – ein kostbares Stückchen Altertum.

Das kann Florenz niemals gewesen sein, solange es die Stadt gibt. Sie ist kein Altar der Vergangenheit, und sie widersteht auch allen Versuchen, etwas Derartiges mit sich geschehen zu lassen, genauso wie sie den Touristen widersteht. Der Tourismus ist gewissermaßen nur eine Randerscheinung der Stadt, einträglich und störend zugleich, störend wegen des Lärmes, des Gedränges und der höheren Preise, unter denen auch die Bevölkerung zu leiden hat. Florenz ist eine geschäftige Stadt, ein Handelszentrum und Bahnknotenpunkt. Es bringt Möbel (einschließlich Antiquitäten), Lederwaren, feine Wäsche, Bilderrahmen, Chemikalien und optische Instrumente auf den Markt, außerdem Maschinen, Schmiedeeisen und zahllose modische Strohartikel. Viele dieser Dinge werden entweder in kleinen Handwerksbetrieben am Oltrarno, dem linken Arnoufer, hergestellt oder auf den Bauernhöfen des *contado*; große Fabriken gibt es kaum. An jedem Freitag ist Markt auf der Piazza della Signoria. Dann kommen die Bauern aus dem Valdarno und Chianti und bieten ihre Erzeugnisse an: Getreide, Öl, Wein, Saatgut. In den kleinen Hotels und billigen Restaurants drängen sich Weinhändler aus Certaldo oder Siena, Textilkaufleute aus Prato und Marmorhändler aus Carrara, wo schon Michelangelo Steine brach. Alles ist vollauf beschäftigt mit Verkaufen, Kaufen, Ausliefern; und in diesem Gewühl laufen dann die Touristen umher und sind überall im Wege. Im Grunde wären die Florentiner sie gerne los. Vielleicht daß die Ladenbesitzer am Lungarno und an der Ponte Vecchio, die Eigentümer der Hotels und Restaurants, die verwitweten Inhaberinnen der *pensioni* und die Diebe sie vermißten; doch selbst daran könnte man mitunter zweifeln. In keiner Stadt Italiens werden die Fremden so summarisch behandelt, nirgendwo sorgt man weniger für ihre Bequemlichkeit als hier. In Florenz gibt es keine netten Bars und Straßencafés, kaum Nachtleben, sehr wenig Laster. Das Essen in den Restaurants ist meistens miserabel, eintönig und teuer dazu. Viele Florentiner Spezialitäten – Innereien, Bauchfleisch, Kaninchen, Ragout aus Leber,

Herz und Hahnenkämmen – reizen nicht den Gaumen fremder Gäste. Der Wein kann zwar gut sein, ist es aber keineswegs immer. Die Kellner sind oberflächlich und machen den Eindruck, als hätten sie Wichtigeres zu tun, als Gäste zu bedienen. In einem der »typisch florentinischen« Restaurants, die von den großen Hotels empfohlen werden, behandeln die Kellner die Kunden wie Eindringlinge; sie brüllen ihre Bestellungen zur Küche hin, knallen die Schüsseln auf den Tisch, spucken auf den Fußboden. »Nimm's oder laß es bleiben« – das etwa ist die Einstellung der Pensionsinhaber, wenn sie Fremden ein Zimmer zeigen. Die minderwertigeren *pensioni* bedienen sich raffinierter Methoden, um Touristen hereinzulegen. Sie stellen Männer an, die schon vor der Stadt den Wagen mit ausländischen Nummernschildern auflauern, sie anhalten und zu einer bestimmten Adresse lotsen. Seltsamerweise gehorchen die Touristen oft und wenden sich erst dann an die Polizei, wenn man sie in den Pensionen betrogen hat.

Diese Nachfahren von Dantes Straßenräubern sind nicht die einzigen, die den Reisenden zu schaffen machen. Eines der besten Florentiner Restaurants mußte vor kurzem von der Polizei geschlossen werden, weil ein Tourist dort betrogen wurde. Täglich laufen bei der *questura* Klagen ausländischer Gäste ein und stehen am nächsten Tag in der Zeitung: Überall wurden Reisende bestohlen und hintergangen; ihre Wagen, die sie auf der Piazza della Signoria oder am Arno abgestellt hatten, sind am hellen Tage ausgeplündert worden oder auf geheimnisvolle Weise verschwunden. Die Gäste aus dem Norden liefern offenbar die Hauptbeute. Sie beklagen sich vor allem über Kameradiebe. Andere Ausländer werden Opfer von Unfällen: Einer alten Amerikanerin wurde die Ehre zuteil, von zwei Radfahrern gleichzeitig angefahren zu werden. Sie wurde in die Luft geschleudert und brach sich den Arm. Englische Touristen verletzte vor ein paar Jahren ein Fassadenstück, das vom Palazzo Bartolini Salimbeni auf die Piazza Santa Trinità herabstürzte. Jetzt hat man den Gehsteig vor diesem baufälligen Palast endgültig gesperrt.

Tagtäglich, den ganzen Sommer hindurch oder so lange, wie die Fremdensaison jeweils dauert, erscheint im Lokalteil der ausgezeichneten Morgenzeitung »Nazione« die Unglückschronik der Touristen, gemischt mit ein paar belanglosen Diebstählen, Schwindeleien, Autounfällen und Scheidungsgeschichten Einheimischer und den Aufrufen zur Erhaltung der Baudenkmäler. Die Zeitung wettert gegen die Diebe von Florenz, die die Stadt genauso in Verruf bringen wie die Ruhestörer. Sie versucht, bei ihren Lesern mehr Verständnis für die Fremden zu wecken, für ihre Art, sich zu kleiden, und für die Gerichte, die ihnen schmecken. Doch sind diese offiziellen Bemühungen auf typisch florentinische Weise von einem ironischen Unterton begleitet: Es sind die Fremden mit ihren Kameras und den dickgepolsterten Brieftaschen, die als die »Wilden« erscheinen; die Diebe verhalten sich ganz normal. Eine »touristenfreundliche« Artikelserie illustrierte man mit entschieden unfreundlichen Fotos von spaghettikauenden Fremden oder von Reisenden, die bis zum Gürtel nackt die Uffizien betreten.

Florentiner zeigen Fremden nicht gern den Weg; verirrt man sich, fragt man am besten einen Polizisten. Im Gegensatz zu den Venezianern machen die Florentiner auch keinen Fremden auf Sehenswürdigkeiten aufmerksam, geschweige denn erklären sie sie ihm. Es ist ihnen nicht darum zu tun, ihre Stadt anzupreisen. Die Bauten, Gemälde und Statuen sind da – sollen die Fremden sie suchen. Das ist nicht unbedingt ein Zeichen von Indifferenz, sondern eine besondere Art von Stolz oder Würde. Nie findet sich auch ein Sakristan in Florenz bereit, das Licht anzuschalten, damit man ein Fresko oder Altargemälde besser sehen kann; es scheint, als lege er keinen Wert auf Trinkgelder. Vor den berühmten Fresken von Masolino, Masaccio oder Filippino Lippi in der Brancacci-Kapelle von Santa Maria del Carmine warten meistens kleine Gruppen von Touristen und flüstern verlegen miteinander. Sie suchen den Lichtschalter. Sie sehen nach, ob in der Sakristei jemand ist, der ihnen helfen kann. Schließlich schaltet ein vorüberkommender Priester die Beleuchtung ein und eilt mit fliegendem Gewand davon. Ähnlich ergeht es einem vor den Ghirlandajo-Fresken in Santa Trinità. Weit von dem Verhalten eines gewöhnlichen Kirchendieners entfernt, der mit der Erklärung der Kunstwerke zurückhaltend wartet, machen die Florentiner Mesner sich erst kurz vor dem Ende der Besichtigung bemerkbar, werden dann allerdings sehr rege und scheuchen die Leute mit schrillen Pfiffen und drohendem Besenschwingen davon. Sind in einer Kirche Ansichtskarten ausgestellt, ist gewöhnlich niemand da, der sie verkauft.

Dieser Mangel an Entgegenkommen, dieses ständige Beschäftigtsein mit anderen Dingen ist es aber, was sich nach einiger Zeit – wenn man es nicht allzu eilig hat – als eine der Segnungen von Florenz herausstellt. Florenz gehört zu den wenigen Städten, in denen man ungestört durch Kirchen bummeln und Kunstwerke in Ruhe betrachten kann. Nach dem Lärm auf den Straßen und Plätzen wirkt der Frieden der Kirchen außerordentlich wohltuend. Man kann eine oder zwei Stunden in den großen Kirchen von Brunelleschi – Santo Spirito und San Lorenzo – zubringen, ohne daß man angesprochen oder auch nur beachtet wird. Reisegesellschaften mit Führern dringen nicht bis hierher. Sie pilgern statt dessen zu den Medici-Kapellen, um die Figuren von Michelangelo zu sehen. Auch die kleineren Kirchen – Santa Trinità, Santa Felicità, Ognissanti, Santissima Annunziata, Santa Maria Maddalena dei Pazzi, San Giovannino dei Cavalieri – werden kaum besucht, ebensowenig die Pazzi-Kapelle neben Santa Croce. Die wunderbaren, erst kürzlich restaurierten Giotto-Fresken in der Bardi-Kapelle von Santa Croce besichtigen lediglich Kunstgelehrte mit ihren Familien und Freunden. San Miniato ist auf seinem Hügel für die meisten Touristen zu weit. Und die großen Kirchen der Predigerorden, Santa Maria Novella, Santa Croce und der noch größere Dom, wo Savonarola einer zehntausendköpfigen Menge predigte, verschlucken förmlich die Reisegesellschaften, so daß kaum eine Spur von ihnen bleibt. Da nimmt es denn nicht wunder, daß sich die Touristen so »winzig« vorkommen in diesen Bauten; sie finden sie ungemütlich und »kalt«.

Was die Museen betrifft, so sind sie die schlechtest organisierten von ganz Italien – ein Skandal, wie die Florentiner selbst mit einem gewissen Lokalstolz sagen. Die einzige Ausnahme, das neue Museum im Fort Belvedere, wurde mit seinen hellen Wänden und den großzügig angelegten, nur sparsam ausgenutzten Räumen sofort zum Streitobjekt, ebenso die neuen Räume der Uffizien, die vielen Leuten zu hell und zu übersichtlich gehalten sind.

Das Äußere der berühmten, von mehrfarbigen geometrischen Masken überzogenen Bauwerke – das Baptisterium, der Dom und der Campanile sowie die Fassade von Santa Maria Novella – ist von Schmutz und Verwitterungsflecken bedeckt. Der Dom und der Campanile werden jetzt endlich »gebadet«; aber das ist ein Prozeß, der sich nun schon jahrelang hinzieht. Sollten die vorderen Domfassaden einmal abgewaschen sein, ist die Rückseite sicherlich wieder verschmutzt. Augenblicklich jedenfalls ist der grüne, weiße und rosa Marmor hinter einem Gerüst versteckt, um das der Straßenverkehr brandet. Die Badia, die alte Benediktinerabtei, in der die Ruhestätte des Markgrafen Ugo von Tuscien (Dantes »gran barone«) liegt und die jetzt teilweise als Polizeistation dient, hat ein so fadenscheiniges Dach, daß die Gemeinde bei Regen mit aufgespannten Schirmen die Messe hören muß. Hier soll Dante Beatrice getroffen haben. Von den historischen Palästen, die noch in Privathand sind, fallen viele buchstäblich zusammen, wie etwa der Palazzo Bartolini Salimbeni. Die Stadt hat kein Geld für Reparaturen; die Soprintendenza delle Belle Arti hat kein Geld, und die Besitzer behaupten gleichfalls, sie hätten keines.

Der gegenwärtigen Einwohnerschaft erscheint das historische Florenz wie ein Alptraum. Die Stadt gleicht einem riesigen Familienbesitz, dessen Erben ihn nicht erhalten können und sich obendrein noch von Fremden kritisieren lassen müssen. Die Geschichte Venedigs ist Legende und Märchen geworden. In Rom, der Ewigen Stadt, ist Vergangenheit immerwährende Gegenwart, ein geordnetes Gefüge mit dem Papsttum als Fundament, das die Fortdauer der Stadt sichert und das um der Schönheit des Anblicks willen auch ein bißchen Verfall gestattet. Ließe man die Peterskirche verfallen, so würde sie trotzdem noch Respekt einflößen. Die halbverfallenen venezianischen Paläste, die sich im leise schwappenden Wasser spiegeln, gehören zum Mythos von Venedig und wurden schon im 18. Jahrhundert von Guardi und Bellotto verherrlicht. Rom hatte Piranesi, Neapel Salvatore Rosa. Aber der Zerfall von Florenz, auf dem Mercato Vecchio und in den krummen Gassen des Ghettos (inzwischen abgerissen und durch die Piazza della Repubblica ersetzt), hat nur zweitrangige Aquarellisten des 19. Jahrhunderts inspiriert, deren Arbeiten keine Kunstgalerie aufbewahrt, sondern die im topographischen Museum liegen, unter dem Titel »Firenze come era« (Florenz, wie es war). Die Geschichte von Florenz ist weder Legende, noch ist sie immerwährende Gegenwart. Sie gleicht vielmehr einer drückenden Last rohbehauener Steine, die wie eine Schuld auf der aufstrebenden Stadt liegt und den Fortschritt hemmt.

Florenz ist stets eine Stadt des Fortschritts gewesen. Nichts war unflorentinischer, ja antiflorentinischer als die Beschlagnahme, mit der es Fremde belegten. Inzwischen haben sie fast alle das Feld geräumt, verjagt von den Vespas, dem Hupen, den Kommunisten und den steigenden Preisen. Mailänder Geschäftsleute ziehen in ihre Villen, lassen die Badezimmer kacheln und farbige Toiletteneinrichtungen anbringen, die Küchen mit Linoleum und Plastik ausstaffieren und Fernsehtruhen und Hausbars aufstellen. Diese Mailänder sind nicht sehr beliebt; sie sind zu laut, wie ihre lombardischen Vorgänger, die im 6. Jahrhundert in die Toskana kamen, um das Land auszuplündern und zu terrorisieren. Heute gehören solche periodischen Invasionen zum Leben von Florenz; es nimmt Neues auf und formt es zu etwas noch Neuerem um. Florenz ist von jeher eine Stadt der Extreme, sehr heiß im Sommer, recht kalt im Winter, stets zur Moderne, zum Fortschritt neigend und doch mit rückläufigen Elementen behaftet, eng wie seine Straßen, gewalttätig, hart und störrisch. Es war die einzige Stadt Italiens, in der die Faschisten im letzten Krieg noch von den Dächern schossen, obgleich die Alliierten schon längst einmarschiert waren. Zur Mussolini-Zeit waren die Florentiner Faschisten die gefährlichsten ganz Italiens. Gleichzeitig aber war Florenz auch das geistige Zentrum des Antifaschismus, und die Résistance hat die Stadt mit einer ganzen Reihe heldenhafter Unternehmungen sozusagen wieder reingewaschen. Die Bauern des *contado* versteckten mit bewundernswerter Tapferkeit Gegner des Regimes, und in der Stadt setzten viele Intellektuelle und auch einige Adlige für die Résistance unerschrocken ihr Leben ein; kurz, Florenz war immer gespalten in die Besten und die Schlimmsten. Sogar die deutschen Truppen waren sich hier nicht einig: Während die SS in einem Haus in der Via Bolognese ihre Opfer folterte, wurden am anderen Ende der Stadt, im Deutschen Institut an der alten Piazza Santo Spirito, Antinazis in der Bibliothek für florentinische Kunst und Kultur versteckt. Als größter Helfershelfer der SS betätigte sich ein teuflischer Florentiner mit dem unpassenden Namen »Carità«, der als Spitzel und Folterknecht zugleich fungierte. Ihr stärkster Gegenspieler war der deutsche Konsul, der seine Position dazu benutzte, Denunzierten und Verfolgten zu helfen. Nach der Befreiung erhielt der Konsul die Ehrenbürgerschaft der Stadt in Anerkennung seiner Taten, die ihm leicht hätten zum Verhängnis werden können. Solche Spaltungen, solche Extreme, solche Gegensätze – das ist *Firence come era,* in mancher Hinsicht eine furchtbare Stadt, in der man unbequem und gefährlich lebt, eine Stadt voller Kampf und Feindschaft, eine dramatische Stadt.

2

Auf der Flucht von Rom nach Etrurien kam Catilina in die alte Hügelstadt Fiesole, wurde dort mit seinen Mitverschwörern von der unzufriedenen Bevölkerung bereitwillig aufgenommen und ernannte sich selbst zum Konsul. Rom schickte Truppen gegen ihn und die Einwohner von Fiesole aus, geführt von einem edlen römischen Krieger namens Fiorino. Für einen Sturmangriff war die Stadt jedoch zu stark befestigt; Fiorino ließ deshalb an einer Furt des Arno ein Lager errichten, dort, wo das heutige Florenz steht. Als die Belagerten einen nächtlichen Ausfall versuchten, fiel Fiorino. Darauf rückte Cäsar mit Verstärkung an und begann, an dem Lagerplatz eine Stadt zu errichten. Fiesole wurde erobert und zerstört. Catilina und seine Gefährten flohen in die Hügel von Pistoriae, wurden von Cäsars Legionen verfolgt und in der großen Schlacht bei Pistoriae getötet.

In diesem Bericht früher Chronisten über die Gründung von Florenz mischen sich Mythos und Wahrheit auf seltsame Weise. Cäsar hat nie in der Toskana gekämpft, Catilina aber war in Fiesole, und bekannt ist auch die berühmte Schlacht bei Pistoriae, in der er den Tod fand. Der Held Fiorino ist eine erfundene Sagengestalt wie Romulus; jedoch existierten eine etruskische Furt und eine Marktstätte am Arno nahe der heutigen Ponte Vecchio, an der schmalsten Stelle des Flusses gelegen. Und in gewissem Sinne war Cäsar auch der Gründer von Florenz, den die Stadt wurde nach seinen Agrargesetzen auf den Trümmern einer alten italischen Siedlung neu erbaut.

Selbst die Daten stimmen ungefähr. Die Schlacht von Pistoriae, mit der die Legende die Stadtgründung verknüpft, fand 62 v. Chr. statt. Cäsars Agrargesetze traten 56 v. Chr. in Kraft.

Das römische Florenz besaß Bäder, Tempel, ein Forum (dort, wo heute die Piazza della Repubblica ist), ein Kapitol mit einem großen Jupitertempel und einer Marmortreppe, einen Aquädukt und ein Theater. Aber nichts von alledem ist übriggeblieben, außer ein paar Straßennamen: Via delle Terme = Straße der Bäder, Via del Campidoglio = Straße des Kapitols. Außerhalb der Stadtmauer lag ein Amphitheater, das 1500 Zuschauer faßte. Seine Umrisse lassen sich noch dort erkennen, wo die Via Torta, Via dei Bentaccordi und Piazza dei Peruzzi bei der Kirche Santa Croce ein halbes Oval beschreiben. Die Rückseite des Palazzo Vecchio grenzt an den Standort des alten Theaters, und wo sich heute das Baptisterium erhebt, befand sich einstmals das Prätorium, die Residenz des römischen Gouverneurs. In der San-Miniato-Krypta und im Baptisterium trifft man auf römische Säulen und reichverzierte Kapitelle, die von den Erbauern neu verwendet worden sind. – Die römische Tradition offenbart sich in Florenz jedem Besucher, der weiß, daß sie existiert. Ebenso kann man, wenn man will, in den alten Straßen der Stadt die Anlage der römischen Kolonie erkennen.

Nach mittelalterlichen Vorstellungen war Florenz die »Tochter« Roms. Deshalb rühmten sich die Florentiner ihrer Abstammung von edlen römischen Familien, und die Uberti zum Beispiel behaupteten, daß ihr Ahnherr höchstwahrscheinlich ein Sohn des Catilina sei, der von Cäsar begnadigt und adoptiert wurde und den Namen Uberto Cesare führte. Zur Zeit Dantes glaubte man, die Bevölkerung der Stadt entstamme zwei ganz verschiedenen Schichten: die Edlen oder Schwarzen seien Nachfahren von Soldaten der römischen

Armee und das gemeine Volk, Weiße genannt, Abkömmlinge der unzivilisierten Einwohner Fiesoles. Aus den Gegensätzen dieser beiden Stämme erklärte man die fortwährenden Zwistigkeiten, die es in der Stadt gab. Einer anderen Sage zufolge ist das von Totila zerstörte Florenz von Karl dem Großen neu erbaut worden, »come era«, mit seiner alten Regierungsform, mit römischem Gesetz, mit Konsuln und Senatoren.

All diese Legenden und phantastischen Genealogien bergen ein Körnchen Wahrheit: Die Nüchternheit und Würde von Florenz entspricht der *gravitas* Roms, eines Roms, das in einer wilden Berglandschaft an einem reißenden Fluß neu errichtet wird. Die Spuren dieses rechteckig angelegten Außenpostens hart am Berge von Fiesole sind die Straßen in der Gegend des Doms – Via Ricasoli, Via dei Servi –, die geradlinig auf den Berghang zulaufen wie Straßen in den Pionierstädten des amerikanischen Westens.

Unter der Oberfläche von Florenz liegt ein versunkenes Rom. Mit ihren seltsam proportionierten Säulen ähnelt die Krypta von San Miniato im Dämmerlicht einem versteinerten Wald. Der Überlieferung nach ist das Baptisterium früher ein Marstempel gewesen, ein Tempel des Kriegsgottes, der für Cäsars Veteranen die Schutzgottheit der Stadt war. Neuerdings glaubt man auch, daß der Marzocco, der florentinische Wappenlöwe, in Wirklichkeit eine Abwandlung des Martocus ist, jener verstümmelten Marsfigur, die man aus Aberglauben auf der Ponte Vecchio stehenließ, bis sie 1333 vom Hochwasser fortgeschwemmt wurde. Diese Statue spielt übrigens in der Geschichte von Florenz eine verhängnisvolle Rolle. Zu ihren Füßen wurde am Ostersonntag des Jahres 1215 der junge Buondelmonte de' Buondelmonti ermordet, als er im Hochzeitsgewand, den Kranz auf der Stirn, von seinem milchweißen Zelter stieg. Seine Mörder, die Amidei, hatten sich beleidigt gefühlt, weil er einem Mädchen aus ihrer

Familie das Heiratsversprechen gegeben und nicht gehalten hatte. Ihre Tat war dann der Anlaß zum Krieg zwischen den Guelfen und den Ghibellinen, der ein halbes Jahrhundert dauerte und die Stadt beinahe zugrunde richtete. Bald darauf, im Jahre 1300, stellte man nach einem Umbau der Ponte Vecchio den kopflosen, reichlich beschädigten Torso des Gottes in nördlicher Blickrichtung auf, während er vorher nach Osten geschaut hatte. Das wurde als böses Omen für Florenz ausgelegt, und wirklich begann in diesem Jahr die Spaltung in »Schwarze« und »Weiße«. Dante, ein weißer Guelfe, der im Verlaufe dieser Fehde ins Exil ging, sah in dem erzürnten Kriegsgott, den Johannes der Täufer als Schirmherr der Stadt verdrängt hatte, ein Sinnbild des ewig brodelnden Aufruhrs in Florenz. Lange vorher, so erzählt die Sage, habe man die Statue aus ihrem Tempel entfernt und in einem Turm am Arno untergebracht. Bei der Zerstörung durch Totila sei sie in den Fluß gefallen, und hätte man sie dort nicht wiederentdeckt und zur Ponte Vecchio gebracht, wäre es nicht möglich gewesen, Florenz neu aufzubauen. – Das Hochwasser des Jahres 1333, das die Brücken mitsamt der Statue wegriß, glich einem apokalyptischen Ereignis. Es setzte, wie der Chronist Villani berichtet, mit einem Sturm ein, der sechsundneunzig Stunden tobte. Feuergarben jagten über den Himmel, Donner grollte, der Regen stürzte pausenlos herab. Das Wasser stieg höher und höher. Um Hilfe schreiend, krochen Männer und Frauen auf Brettern von Dach zu Dach. Türme barsten, Mauern fielen zusammen, Kirchen- und Klosterglocken läuteten vergeblich, um das Unwetter zu bannen. – Nicht lange nach der furchtbaren Flut und dem Verlust der schützenden Marsfigur wurde Florenz von einem nicht minder großen Unglück heimgesucht: 1339 machte Eduard III. von England Bankrott und mit ihm die beiden weltberühmten Florentiner Bankhäuser der Bardi und Peruzzi, die seine Kriegszüge auf dem Kontinent finanziert hatten.

Als neuer Glücksbringer löste der Löwe auf dem Wappen den Kriegsgott ab. Aber im Gegensatz zum venezianischen Markuslöwen verfügte der Florentiner Marzocco über keine Beziehungen zur Kirche. Er war ein ausgesprochen politisches Tier, greulich anzusehen, selbst noch als steinernes Bildwerk von Donatello. Das sakrale Emblem von Florenz war die Lilie, und Gegner der Martocus-Theorie sehen im Marzocco den Überrest einer alten Sitte: Im Mittelalter wurden im Verlies des Regierungspalastes Löwen gehalten, die man in Krisenzeiten sorgsam beobachtete, um aus ihrem Verhalten das Schicksal des Staates zu deuten. Schon lange vor Cäsar und Catilina war die alte Kunst der Weissagung in dieser Gegend bekannt. Etruskische Priester befragten auf dem Gipfel des Berges von Fiesole den Himmel und die Stürme um die Zukunft, so wie der später von der Kirche gebannte Galilei unter dem Schutz Cosimos II. auf den Hügeln von Bellosguardo und Arcetri das Schicksal aus dem Stand der Himmelskörper las. In der von natürlichen Observatorien umgebenen Siedlung am Fluß gab es die merkwürdigsten Religionen. Auf der Piazza San Firenze, nicht weit vom Bargello, stand ein Tempel der ägyptischen Flußgöttin Isis. Und in Fiesole gab es eine Schule für Laienpriester, die der Magna Mater, einer östlichen Importgottheit, geweiht war. Isis, die um Osiris weint – die Magna Mater, die um Attis weint – Attis, der sich unter einer Kiefer entmannte – diese traurigen Kulte aus der Fremde fanden Anhänger hier in der Toskana, wo man sie ihrer allzu wilden Elemente entkleidete. Sie waren, wie Davidson sagt, die Vorläufer der in Florenz besonders tiefen Madonnenverehrung. Wer heute die Atmosphäre einer Kultstätte spüren möchte, suche die beiden Tempel der Bildhauerei auf: den Bargello und das Dom-Museum. Viele Bildwerke aus der ganzen Stadt sind in diesen beiden Museen zusammengebracht, um sie vor Verwitterung zu schützen:

die Propheten des Alten Testaments von ihren Ausguckposten auf dem Campanile, große, kuhäugige Jungfrauen von den Domportalen, eine Gruppe mit drei Figuren (Petrus, Paulus und Maria) von der Porta Romana und Sankt Georg mit dem Schild von Orsanmichele, jener sonderbaren Kirche, die zur Hälfte als Getreidespeicher für Notzeiten diente – sie alle standen auf ihren Posten gleich Wächtern zum Wohle der Stadt. Vom Wetter abgenutzt, paßten sie sich selbst ein wenig den Elementen an, gegen die sie als Schutzheilige der Bevölkerung auftreten sollten. Mit ihren bauschigen, drapierten Gewändern, mit den weitgeöffneten, tief in den Höhlen liegenden Steinaugen gleichen sie seltsamen Pilgern oder Reisenden, die unter diesen Dächern zusammenkamen, um auf den nächsten Abschnitt ihrer Reise zu warten. Innenfiguren von Kirchen haben sich zu ihnen gesellt: mehrere Täufer, ein segnender Papst mit der Tiara und die singenden und tanzenden Kinder von Luca della Robbia und Donatello. Sie bilden eine sehr gemischte Gesellschaft, diese Heiligenfiguren; aber das beweist nur, daß sie wirkliche Heilige und außerdem auch Pilger sind. Sankt Georg in seiner Nische sieht wie ein spartanischer Athlet oder ein junger römischer Imperator aus, schwertlos, in leichtem Mantel, der in kleidsamer Rundung seinen schönen Nacken umschließt. Unerschrocken blickt er in die Zukunft. Nicht weit von ihm steht ein magerer San Giovannino, der Täufer als Knabe, überwältigt von seiner schweren Mission, mit geöffneten Lippen und starren Augen. Seltsame Geschöpfe, so verschieden voneinander wie Achilles von einer Schildkröte, und doch schuf sie beide Donatello. Beide sind ergreifend und schön, beide sind Sinnbilder des Mutes. Während der resolute Sankt Georg an Armen, Beinen und Füßen Schuppenpanzer trägt, aber kein Heiligenschein über seinen kurzen, männlichen Locken schwebt, begleitet den Johannesknaben, der in ein kurzes, härenes Hemd gekleidet ist, auf seinem Gang in die Wüste ein schmales Goldkreuz und ein dünner goldener Heiligenschein, der wie fahles Sonnenlicht schimmert.

Die Bildhauerkunst ist der Genius und Schutzgeist von Florenz, der den Betrachter vor Ehrfurcht erschauern läßt, nicht nur, weil das geschaffene Werk alles übertrifft, was es seit der Kunst der alten Griechen gab, sondern auch, weil es – Gutes wie Schlechtes – so ganz zum Gefüge der Stadt gehört, zur *res publicae,* dem öffentlichen, gemeinschaftlichen Leben. Es gehört zu einer stolzen, unabhängigen Bürgerschaft und paßt zu einer grandiosen Steinlandschaft wie der von Athen. Die Florentiner Bildhauer des Quattrocentos kamen aus den Steinbrüchen der Umgebung, wo der *macigno* oder die graue *pietra serena* geschnitten wurden. Desiderio da Settignano, Benedetto da Maiano, Mino da Fiesole, Benedetto da Rovezzano – sie alle waren Dorfburschen, die zwischen Steinmetzen aufwuchsen. Michelangelo kam als Kind nach Settignano in Pflege zu einer Amme, und er behauptete später oft, mit ihrer Milch habe er den Bildhauergenius eingesogen. – Grüner Marmor, der hauptsächlich für die geometrischen Muster der Kirchenfassaden gebraucht wurde, kam aus den Bergen bei Prato. Den berühmten weißen Marmor der Florentiner Skulpturen lieferten die Steinbrüche von Carrara in den Apuanischen Alpen, jener wüsten, unheimlichen Bergkette, die nördlich von Pisa längs der Küste liegt. Michelangelo lebte dort jahrelang und brach Marmor für seine Werkstatt. Die Berggipfel von Carrara erscheinen schneebedeckt – so hell glänzen die weißen Schnittflächen im Gestein. Die großen weißen Blöcke, »frei von Rissen und Adern«, wie es in den Kaufverträgen hieß, verlud man auf Kähne und brachte sie auf grünen Wasserstraßen nach Florenz oder Rom. Schon zu Augustus' Zeiten war dieser Marmor berühmt. Die Kunst, ihn zu behauen, beherrschten als erste die Pisaner, und zwar bereits im Duecento, drei Jahrhunderte vor Michelangelo. Ihre Skulpturen aus jener Zeit kann man entweder sehr späte Klassik oder sehr frühe Renaissance nennen. Handwerker aus Pisa brachten die neue Kunst nach Florenz. Dort kannte man vorher nur den Bronzeguß, der bis auf die Etrusker zurückgehen soll. Weiß, Schwarz, Grau, Dunkelbraun und Bronzegelb – das sind die Farben von Florenz, Metall- und Steinfarben, die Farben der primitiven, natürlichen Rohstoffe, die den Frühkulturen ihren Namen gaben: Steinzeit, Bronzezeit, Eisenzeit. – Hammer- und Meißelschläge waren die ernste Begleitmusik zur Kunst und Architektur von Florenz und prägten den Charakter der Stadt. Die hohen schmiedeeisernen Gitter vor den Fenstern der Florentiner Paläste, die eisernen Ringe und Fackelhalter, in rauhe, buckelige Mauersteine getrieben, stammen aus den düsteren Erzbergwerken von Elba, das den Toskanern gehörte. Noch heute kann man den Klang der Schmiedehämmer in den Werkstätten am Oltrarno hören, und das größte Industrieunternehmen von Florenz ist eine metallverarbeitende Fabrik.

Wenn die Florentiner im Mittelalter und in der Renaissance in die Schlacht zogen, kam es oft vor, daß sie Statuen mit sich trugen. Savonarola, obgleich bekanntlich ein Feind aller Kunst, ließ einen Jesusknaben von Donatello in einer Prozession am selben Tage mitführen, an dem er zahllose weltliche Gemälde auf den Scheiterhaufen werfen ließ. Im Volk besteht bis heute der Glaube, daß in den Statuen Geister lebten. Die Figur des Neptun von Ammannati im Brunnen auf der Piazza della Signoria heißt im Volksmund »Il Biancone«, »der große weiße Mann«, und abergläubisch erzählt man sich, es sei der mächtige Flußgott des Arno, der hier zur Statue verwandelt wurde, weil er wie Michelangelo die Liebe der Frauen verschmähte. Vollmondlicht erweckt ihn um Mitternacht zum Leben, so geht die Sage, und er geht dann auf der Piazza spazieren und spricht mit den übrigen Figuren. Den Block, aus dem Michelangelo den »David« schuf, nannte man vorher den »Riesen«. Nachdem Agostino di Duccio ihn verpfuscht und ausrangiert hatte, lag er in den Domwerkstätten und begann die Volksphantasie zu beschäftigen. Schließlich kam Michelangelo und meißelte aus dem Riesen den Riesentöter, ein vaterländisches Symbol für das kleine Land, das seine mächtigen Feinde besiegte. Riesen haben angeblich auch die große etruskische Steinmauer von Fiesole gebaut, und ein ganzer Sagenkreis handelt von schönen Jungfrauen, die sich in klare, weiße Marmorstatuen verwandelten.

Mehr als jeder andere Platz in Italien versetzt die Piazza della Signoria den Betrachter in die Welt des Vergangenen. Dazu tragen nicht nur die kolossalen vergötterten Statuen bei, der »David«, der »Neptun« (von dem Michelangelo, den Schaden beklagend, sagte: »Ammannato, Ammannato, che bel marmo hai rovinato!«, den der unfähige Bildhauer seiner Ansicht nach dem Marmor zugefügt hatte), nicht nur die unschöne Gruppe »Herkules und Cacus«, sondern auch die schlichte Loggia dei Lanzi mit ihren drei herrlichen Rundbögen und den Figurengruppen aus Bronze und Marmor. Einige von ihnen stammen aus der Antike, andere aus der Renaissance. Manche gehören der Epoche des Manierismus an, eine dem 19. Jahrhundert. Trotzdem wirkt das Ganze nicht unharmonisch, sondern mutet an wie aus einem Guß, wie aus einer fortschreitenden Erfahrung gewachsen. Es ist ein blutiger Anblick, der sich einem hier bietet, denn fast alle Gruppen stellen Kämpfer dar. Der behelmte Bronze-Perseus von Cellini hält das bluttriefende Haupt der Medusa empor, während ihr zuckender Körper zu seinen Füßen liegt. Der Herkules von Giambologna kämpft mit dem Zentauren Nessus. Ajax (nach einem griechischen Original aus dem 4. Jahrhundert v. Chr.) stützt den Körper des Patroklos. Außerdem findet man hier den »Raub der Sabinerinnen« von Giambologna, den »Raub der Polyxena« von Pio Fedi (1866) und das »Besiegte Germanien«, eine aus einer langen Reihe matronenhafter römischer Frauengestalten, die wie ein Klagechor an der Rückwand stehen. Zwei Löwen – ein griechischer und eine Kopie aus dem 16. Jahrhundert – flankieren diese auf prächtigen Sockeln zuckenden, sich krümmenden, einander erstechenden, fallenden und sterbenden Gruppen. Nicht weit davon, am Eingang zum Palazzo Vecchio, weist Judith das Haupt des Holofernes vor (Donatello), und im Hof des Palastes kämpft Samson mit einem Philister. Etwas weiter davon entfernt reitet Cosimo I. auf einem Bronzeroß.

Die Loggia dei Lanzi trägt ihren Namen nach den schweizerischen Landsknechten Cosimos I., die hier Wache hielten. Es waren furchteinflößende Gestalten, aber noch viel furchterregender würden sich die Figurengruppen, die heute dort zu sehen sind, auf jeder anderen Piazza in jeder anderen Stadt ausnehmen. Hier aber stehen sie unter einer Laube mit stilreinen, kunstvollen Bögen (1376–1381), gleichsam eingefriedet und zur Ruhe gebracht. Der ganze Platz ist von einer ernsten Schönheit, die selbst von einigen allzu massigen Marmorgruppen nicht beeinträchtigt wird. Beherrscht wird er vom Palazzo Vecchio, dem früheren Regierungssitz, dessen Turm wie eine steinerne Injektionsnadel in den Himmel ragt.

Donatellos Gruppe »Judith und Holofernes« stammt vom Palazzo Medici, wo sie einen Brunnen schmückte. Jetzt steht die Tyrannenmörderin als Wahrzeichen der öffentlichen Sicherheit auf der *aringhiera,* der niederen Terrasse des Palazzo Vecchio. Eine Inschrift auf dem Sockel besagt, daß das Volk sie im Jahre 1493 hier aufgestellt habe, nachdem die Medici davonjagt und ihre Schätze verteilt waren. Von der *aringhiera* aus wurden Reden ans Volk gehalten und Erlasse verkündet, und die Judith mit dem abgeschlagenen Kopf des Tyrannen sollte kürzer und bündiger als alle Reden ausdrücken, daß das Volk die Freiheit liebte und keine Despoten haben wollte. Nichtsdestoweniger kehrten die Medici nach jeder Vertreibung wieder nach Florenz zurück. Als Cosimo I. sich zum Diktator erhob, bestellte er bei Cellini die Gruppe »Perseus und Medusa«, die nun ihrerseits dem Triumph der Machtherrschaft über die Demokratie Ausdruck gab. Michelangelos »Brutus« (jetzt im Bargello) ließ wahrscheinlich ein Privatmann anfertigen, um Lorenzino de' Medici zu ehren, dem der Mord an seinem Vetter, dem verhaßten Tyrannen Alessandro, den Beinamen »Brutus« eintrug.

Die Standbilder auf dem Platz waren als mahnende Lektionen in Bürgerkunde gedacht, und die Dauerhaftigkeit des Materials ließ hoffen, daß auch die Lehre von Dauer sein werde. Die Härte von Marmor, Stein und Bronze macht die Bildhauerkunst mit der Staatskunst verwandt, die von jeher Stabilität und Dauer anstrebt. Es heißt, daß die Urform der Statue im griechischen Götterkult aus nichts anderem als aus einer einfachen Säule bestand, in der man schließlich den Körper eines Menschen oder eines Gottes verborgen glaubte. Die Florentiner Bildhauerkunst, die weltliche wie die geistliche, besitzt noch etwas von der elementaren ursprünglichen Bedeutung der Säule; sie ist Pfeiler und Stütze der menschlichen Erziehung. – Italien, vor allem die Lombardei, war in der Renaissance reich an begabten Bildhauern; doch alle Städte wandten sich an Florenz, wenn sie eine Bildhauerarbeit von öffentlicher und allgemeiner Bedeutung zu vergeben hatten. Das große Reiterstandbild des *condottiere* Gattamelata, das in Padua steht, ist eine Auftragsarbeit von Donatello, und als sich die Venezianer ein ähnliches Denkmal wünschten (das Colleoni-Denkmal), ließen sich Verrocchio kommen. Auch der Staatsbildhauer der Republik Venedig, Sansovino, war Florentiner.

Das Böse wurde in Florenz, so seltsam es klingt, durch Malerei gebannt. Man malte die Bildnisse bekannter Bösewichte auf die Außenmauern des Bargello, der damals Gefängnis und Hinrichtungsstätte war. Hier ließ man die Bilder verblassen und abblättern wie Steckbriefe an Litfaßsäulen, nur mit dem Unterschied, daß man die betreffenden Missetäter nicht mehr suchen mußte; sie befanden sich schon in den festen Händen der Obrigkeit. Die Vergänglichkeit eines gemalten Bildes als Sinnbild für den Verlust des guten Rufes spielte auch bei Savonarolas großer Bilderverbrennung eine Rolle. Die Florentiner ließen einen gerade anwesenden venezianischen Kaufmann, dessen Betragen ihnen mißfiel, porträtieren und warfen das Bild anschließend in die Flammen des Scheiterhaufens.

Die Skulpturengalerien des Bargello und des Dom-Museums erwecken ein seltsam unwirkliches Gefühl, weil in all den Marmor-, Bronze- und Steinfiguren der Geist der alten Republik gefangen erscheint.

Wie in allen alten Stadtstaaten durchdrangen sich religiöses und bürgerliches Leben im republikanischen Florenz sehr stark. Die Heiligen wurden von der Bürgerschaft geliebt; nach ihrem Beispiel und unter ihrem Schutze kämpfte die Stadt. Jeder Stadtstaat des Mittelalters hatte seinen eigenen, ganz speziellen Heiligen als Schutz und Vorbild, und das kam jeweils einer eigenen, besonderen Religion gleich. Der Kampfruf der Venezianer war »San Marco«, der Luccaner »San Martino«, und die Florentiner sammelten sich unter »San Giovanni«. Mit ihren Lokalheiligen hatten die Florentiner wie die Venezianer wenig Respekt vor dem Papst, und sie wurden wiederholt exkommuniziert und in den Bann getan. Einmal aber drehte Florenz den Spieß um und ließ durch die Bischöfe der Toskana den Papst exkommunizieren. Die Inschrift, die man 1529 während der Belagerung von Florenz am Palazzo Vecchio anbrachte (»Jesus Christus Rex Florentini Popoli S. P. Decreto electus« – »Jesus Christus, König des Volkes von Florenz, gewählt durch allgemeinen Ratschluß«), drückt den Willen zu absoluter Unabhängigkeit aus, einer Unabhängigkeit nicht nur von weltlichen Regenten, sondern auch von jeder kirchlichen Macht.

Jacob Burckhardt sagt, der kleine Staat sei dazu da, daß es einen Ort auf Erden gebe, wo der größtmögliche Teil der Bevölkerung aus Bürgern im wahrsten Sinne des Wortes bestehe.

Er dachte dabei an die Polis, den griechischen Stadtstaat, aber genausogut hätte er die florentinische Republik meinen können. Hier wie dort entwickelte sich das Bürgertum – und mit ihm die Bildhauerei – zur höchsten Blüte.

Die Florentiner Bildhauer verstanden es ähnlich wie die Griechen, die feinen Abstufungen seelischer Stimmungen wiederzugeben; aber das geschah, ebenfalls wie in Griechenland, meistens auf Grabsteinen und Basreliefs, also auf der Grenze zwischen plastischer Kunst und Malerei. Die wundervollen Grabmäler von Desiderio und Mino da Fiesole sowie die vielen bezaubernden Kinderköpfe, die beide Meister geschaffen haben, sind so sehr Ausdruck des Privaten und Intimen, daß fremde Betrachter sie kaum deuten können. Über den beherrschten Schmerz einer trauernden Familie breitet sich ein feiner Schleier, ähnlich den transparenten Marmorschleiern der Madonnen und den leichten Engelsgewändern, die diese Künstler so meisterhaft zu formen verstanden. Auch hier zeigt sich eine gewisse Verwandtschaft mit der Antike: Die Zurückhaltung und Beherrschtheit der Florentiner Basreliefs kommt der griechischen Stele nahe, die ursprünglich eine einfache Tafel mit einer Inschrift war.

Was die Bildhauerkunst der Florentiner Renaissance »klassisch« erscheinen läßt, hat nichts mit der Nachahmung klassischer Vorbilder zu tun. Die griechische Kunst, der Mino, Desiderio, Agostino di Duccio und manchmal auch Donatello so nahe kamen, war zu jener Zeit in Italien kaum bekannt. Die Geistesverwandtschaft mit dem Athen des 5. Jahrhunderts v. Chr. kann teilweise geographisch bedingt sein, teilweise durch die ähnliche politische Struktur und sicherlich auch durch das hier wie dort anzutreffende scharfe, klare Denken. Unterscheidungs- und Definierungsvermögen führt Formen und Ideen auf das Wesentliche und Grundlegende zurück. Michelangelo sagte einmal: »Unter Bildhauerkunst verstehe ich die Kunst, Überflüssiges wegzunehmen; unter Malerei dagegen eine Kunst, die ihr Ziel durch Hinzufügen erreicht.« Die Fähigkeit, überflüssiges Material abzutragen, eine ursprüngliche Form oder Idee freizulegen, war auch die Kunst, die Sokrates übte, indem er einem Gesprächspartner eine Wahrheit bewußt machte, die dieser bereits kannte, die er in ihrem Kern aber nicht begriff, bevor der sie umhüllende Ballast fiel. Die Florentiner wußten, ohne es gelernt zu haben, daß eine Statue im wesentlichen ein Pfeiler oder eine Säule war und daß die Urform des Grabmals aus einer Tafel mit Inschrift bestand. Dieses Wissen ist klassisches Erbe.

Die Republik kannte scharfe, eindeutige Grenzen zwischen Öffentlichkeit und Privatleben. Zwar waren die Florentiner wegen ihres extremen Individualismus bekannt, doch durfte keine Statue eines *condottiere* auf einem öffentlichen Platz oder auch nur in einer Privatkapelle stehen. Von großartigen Grabstätten hat man vor Michelangelos Zeit in Florenz nichts gehört. Trauer galt als reine Familienangelegenheit. Das war bereits bei den Etruskern so, die Mann und Frau gemütlich auf dem Grabe sitzend darstellten wie bei einem letzten häuslichen Fest. Der Florentiner Anstand duldete keine Vergötterung der Toten, wie sie etwa in Venedig üblich war.

Die strenge Innenpolitik der Republik ermutigte nicht zu privater Prunkentfaltung. So waren zum Beispiel Doppelfenster, wie man sie von den gotischen Palästen in Siena kennt, im mittelalterlichen Florenz nur bei kirchlichen Bauten erlaubt. Bürgerliche Hausbesitzer – in diesem Falle auch der Adel – mußten sich mit einfachen Fenstern begnügen. – Cosimo il Vecchio, der Gründer der Medici-Dynastie, war ein zu vorsichtiger Politiker, um mit pompöser Lebensführung seine Macht aufs Spiel zu setzen. Er wies Titel und Ehren zurück, lehnte den prunkvollen Palast in reinem Renaissancestil, den Brunelleschi für ihn errichten wollte, ab und beauftragte statt dessen Michelozzo, ihm ein einfaches, solides Wohnhaus aus Rustikasteinen und mit schwerem Sims zu bauen, in das er sich dann wie ein Privatmann zurückzog, obgleich er in Wirklichkeit Herrscher war. »Ein viel zu großes Haus für eine kleine Familie«, pflegte er trotz allem noch zu seufzen, wenn er, ein einsamer Sonderling, durch die großen, stillen Räume ging. – Seine Eltern ließ er in einem einfachen Marmorgrab in der Alten Sakristei von San Lorenzo beisetzen.

Ein Medici-Bastard – Papst Clemens VII., ein illegitimer Sohn jenes Giuliano, der von den Pazzi-Verschwörern im Dom ermordet wurde – brach später mit der Tradition und gab bei Michelangelo die Neue Sakristei für San Lorenzo in Auftrag, um zwei Mitglieder seiner Familie zu ehren, die besser in Vergessenheit geraten wären. Diese vielbewunderten Medici-Grabmäler mit den römisch kostümierten Statuen sehen merkwürdig theatralisch aus. Auch die Kapelle, die sie beherbergt, gleicht mehr einem Bühnenbild als einem architektonischen Werk – sie wirkt wie eine Entstellung oder bewußte Übertreibung der alten Brunelleschi-Sakristei. Auch die beiden Herzöge, die in ihren Nischen wie Schauspieler posieren, muten wie ein Hohn auf die *virtù* der Renaissance an. Michelangelo, der es, wie Vasari sagt, »stets verabscheute, einen bestimmten Menschen darzustellen, wenn er nicht gerade von unvergleichlicher Schönheit war«, versuchte nicht, die beiden Verstorbenen zu porträtieren, wie es bei Grabplastiken sonst gebräuchlich war. Seine beiden Herzöge sind Herrenmenschen, typische Renaissancefiguren; aber hier hat die Statue ihr ureigentliches Wesen verloren – sie ist kein Pfeiler der Gemeinschaft mehr, sondern eine Schmeichelei in Marmor.

Michelangelos Projekte waren kostspielig. Als er älter wurde, konnten nur noch Päpste und Tyrannen es sich leisten, ihn zu beschäftigen. Die gigantische Anlage seiner Spätwerke vertrug sich auch nicht mit den strengen Begriffen vom Maßhalten, die in seiner Heimatstadt herrschten. Er lebte damals in Rom, wo er für mehrere Kirchenfürsten tätig war, und nicht einmal der neue Despot aus dem Geschlecht der Medici, Cosimo I., konnte ihn in das gerade entstehende Großherzogtum Toskana zurücklocken. Während der Belagerung von Florenz war Michelangelo kurzerhand nach Venedig geflohen und hatte sein Amt als Aufseher über die Befestigungsanlagen von Florenz in einem Panikanfall im Stich gelassen. Später, als er gern zurückkehren wollte, versuchte er sich zu rechtfertigen. Er war kein Cato oder Brutus, doch glich er in gewisser Weise dem verbitterten Dante im Exil; er war ein mürrischer Patriot. Man nimmt an, daß die vier berühmten Sockelfiguren der Medici-Gräber, die Tag und Nacht, Morgen und Abend darstellen, in versteckter Sprache seine Verzweiflung über den Niedergang der Republik und den Triumph der Medici-Dynastie ausdrücken sollen. Und in der Gruppe »Der Sieger« im Palazzo Vecchio könnte man im Antlitz des Greises, auf dessen gekrümmtem Rücken ein kräftiger Jüngling kniet, die Züge Michelangelos erkennen. Es ist jedoch gewagt, Michelangelos Ängste, die Kehrseite seines Genies, auf politische Ursachen zurückzuführen. »Ich habe niemals mit einem so undankbaren und arroganten Volk zu tun gehabt, wie die Florentiner es sind«, schrieb er in einem Brief.

In mancher Hinsicht war er selbst ein echter Florentiner – herb, stolz, kurz angebunden und sparsam. In den Briefen seiner letzten Jahre ist fast nur von Geld die Rede. Er selber gönnte sich nichts, für seine Brüder und seine Neffen jedoch erwarb er Grund und Boden in der Toskana. Durch Beauftragte ließ er für sie Ländereien und Geschäfte zu günstigen Preisen kaufen und erreichte es schließlich auch, daß die Familie Buonarroti ein solides, schmuckloses Haus an der Via Ghibellina im Viertel von Santa Croce bezog. (In diesem Haus, der Casa Buonarroti, befindet sich heute das Michelangelo-Museum.) All seine Zukunftspläne kreisten um Florenz. Obwohl er es ablehnte, aus Rom zurückzukehren, gab er Cosimo durch Vasari Anweisungen für seine Bauprojekte in Florenz und bemühte sich um einen Platz im Himmel, indem er arme Florentiner Mädchen aus gutem Hause mit einer Mitgift versah, mit der sie standesgemäß heiraten oder in ein Kloster eintreten konnten.

Zu seinen Lebzeiten wurde Michelangelo oft mit den Bildhauern der Antike verglichen, und einen »Schlafenden Cupido«, den er in seiner Jugend geschaffen hatte, hielten seine Zeitgenossen tatsächlich für ein antikes Werk. Das Opfer dieser Ähnlichkeit war ein römischer Kardinal. Der junge Michelangelo hatte auf den Rat eines Händlers der Cupido-Figur nachträglich ein etwas verwittertes Aussehen gegeben; aber der Kardinal entdeckte den Betrug und verlangte sein Geld zurück. Schließlich gelangte die Statue, nachdem Cesare Borgia sie in Urbino erbeutet hatte, in die Hände der eifrigsten Sammlerin ihrer Zeit, der Marquise von Mantua, Isabella d'Este. Das Fälschen oder Imitieren von Antiquitäten mit dem Ziel, einen Sammler zu interessieren, hat wenig mit dem natürlichen, angeborenen Klassizismus von Florenz zu tun. Zu einem »klassischen« Künstler paßt auch die Art schlecht, wie Michelangelo Päpsten und Tyrannen zu schmeicheln verstand. In Wahrheit starb mit dem Untergang der Republik die große Florentiner Bildhauerkunst einen schmerzvollen, tragischen Tod.

Cosimo I. besaß wie so viele absolutistische Herrscher einen neoklassischen oder pseudoklassischen Geschmack. Er ließ sich im Gewand eines römischen Kaisers darstellen und bestellte Ledas, Ganymeds und andere mythologische Figuren bei den manieristischen und neoklassischen Bildhauern, die er für sich beschäftigte. Viele der Plastiken waren »privat« im schlimmsten Sinne und ähnelten in dieser Hinsicht dem »Hermaphrodit«, einem Gedicht, das Beccadelli für Cosimo il Vecchio geschrieben und ihm gewidmet hatte und über dessen Anstößigkeit sich sogar die ungeniertesten Humanisten empörten. (Porträts des Autors wurden in Ferrara und Mailand öffentlich verbrannt.) – Während sich also anzügliche Marmor- und Bronzeplastiken bei Privatsammlern steigender Beliebtheit erfreuten, begann sich die edle Nacktheit der Statuen auf den öffentlichen Plätzen gleichsam vor den Blikken der Allgemeinheit zu schämen. Die Florentiner bekleideten Michelangelos »David« mit einem vergoldeten Feigenblatt. Später, zur Zeit Cosimos I., griff Ammannati in einem Brief an die Florentiner Zeichenakademie die Nacktheit von Bildwerken heftig an und sagte sich öffentlich von seinem »Neptun« los – nicht, weil er häßlich, sondern weil er nackt war.

Der Florentiner Humanismus, der seit den Tagen des alten Cosimo von der Antike zehrte, die Sammelleidenschaft für Bücher und Kunstgegenstände, die Sucht, als Kenner zu erscheinen, kurz, die bewußte Kultivierung des Geschmackes bedeutete in Wahrheit das Ende des heroischen Zeitalters der Bildhauerei. Cosimo, unter dessen Führung in Florenz die Schwäche für alles Antike in Mode gekommen war, blieb seiner Neigung bis in den Tod hinein treu. Er starb, während man ihm einen Dialog von Plato vorlas.

Der Humanismus war, das muß gesagt werden, hauptsächlich eine literarische Bewegung; aber die Humanisten warfen sich auch schnell zu Kunstkennern auf, wetteiferten mit Millionären im Sammeln von antiken Gegenständen, von denen zweifellos viele gefälscht waren. Poggio Bracciolini, der Florentiner Humanist, der sich der Entdeckung und Veröffentlichung klassischer Manuskripte widmete (Lucretius, Quintilian, Cicero, Manilius), legte sich eine stattliche Privatsammlung von Marmorbüsten zu. Nur eine davon, so schrieb er, sei »unversehrt und elegant«, die übrigen hätten keine Nasen mehr. Er schickte einen Mönch aus Pistoja nach Griechenland auf Antiquitätenjagd, wurde jedoch gehörig enttäuscht: Der Mönch verkaufte die Ausbeute seiner Reise an Cosimo il Vecchio. Ein anderer Mann aus Pistoja beglückte Lorenzo de' Medici mit einer Marmorstatue, die Plato darstellen sollte und die man angeblich in Athen zwischen den Ruinen der Akademie gefunden hatte. Wie ein leichtgläubiger amerikanischer Millionär nahm Lorenzo das »Kunstwerk« entgegen; schon lange hatte er sich nach einem Bildnis seines Lieblingsphilosophen gesehnt.

Sogar zu Poggios Zeiten soll es nicht genügend echte Antiquitäten gegeben haben, welche die Nachfrage hätten decken können. In Rom waren, so berichtet er, nur sechs antike Statuen erhalten geblieben, fünf aus Marmor und eine aus Metall. Später kam dann der »Laokoon« hinzu, bei dessen aufsehenerregender Ausgrabung Michelangelo Augenzeuge war.

Die Mode, Antiquitäten zu sammeln und zu imitieren, machte Baccio Bandinelli zum populärsten Bildhauer in Florenz. Bandinelli machte sogar Michelangelo Konkurrenz, der prompt auf ihn eifersüchtig wurde und seine Arbeiten schmähte. Bandinelli produzierte eine Menge so zweitklassiger Plastiken wie die Gruppe »Herkules und Cacus« auf der Piazza della Signoria und nutzte damit ungeniert die Sucht der neuen Herrscher und Sammler nach klassisch wirkender Kunst aus.

Natürlich trägt keines dieser Bildwerke, die damals in Mode waren – auch nicht die anmutigen Werke Cellinis –, einen Schimmer jener stillen Andacht, sei sie nun geistlichen oder weltlichen Ursprungs, die so charakteristisch für Florenz ist und die am reinsten und unmittelbarsten bei Donatellos Figuren zum Ausdruck kommt. Donatello, »der kleine Donato«, war der begnadetste aller Florentiner Bildhauer. Selbst Michelangelo, obwohl bedeutender, war bei weitem nicht so feinfühlig in seiner Kunst.

In den sehnigen, straffgespannten Bronzefiguren von Pollajuolo kehrt noch einmal die barbarische Grazie und Prachtliebe der Etrusker wieder, wie reine, gelöste Energie. Diese Skulpturen haben, eine wie die andere – und selbst wenn es sich um ein Papstgrab wie das von Innozenz VIII. im Petersdom handelt –, etwas von einem Fetisch an sich; sie sind schön, fremdartig und geheimnisvoll. – Michelangelo war der letzte Bildhauer des Bürgertums, und man könnte seine Werke, die so voller Bewegung sind mit ihrem Muskelspiel und dem Ausdruck des Leides, als eine öffentliche Agonie der Bildhauerkunst bezeichnen. Er war ein Vorläufer des Barocks, eines ganz und gar unflorentinischen Stils, dessen Zentrum im päpstlichen Rom lag. Die Medici-Gräber vermitteln in der Tat den Eindruck einer päpstlichen Enklave im Stadtstaat Florenz.

Nichtsdestoweniger rückten diese Gräber vor kurzem auf unerwartete Weise wieder ins Licht der Florentiner Öffentlichkeit. Die Santa-Trinità-Brücke, ein Bauprojekt Cosimos I., die nach einer Hochwasserkatastrophe wieder von Ammannati aufgebaut wurde – Ammannati vergrößerte auch den Palazzo Pitti für Cosimo und verpfuschte dabei Brunelleschis ursprüngliche Anlage –, gilt als die schönste Brücke von Florenz, sie ist vielleicht sogar die schönste der Welt. Sie wurde im letzten Kriege zerstört, und als sie vor einigen Jahren in ihrer alten Schönheit wiedererstehen sollte, sahen sich die Restaurateure, die nach Fotografien und nach Ammannatis Plänen vorgingen, vor ein Rätsel gestellt. Die Führung der drei breiten, schwingend ausladenden Bögen, die der Brücke ihre besondere Schönheit verleihen, stimmt mit keiner geometrischen Kurve oder einer ähnlichen Berechnung überein und scheint aus freier Hand von einem genialen Künstler entworfen, als der Ammannati kaum in Betracht kommt. In der ganzen Stadt ergingen sich Wissenschaftler und Kunstsachverständige in Mutmaßungen über das Geheimnis der Brückenbogen. Manche sagten, sie bildeten eine Kettenlinie, das heißt, sie seien jeweils der Rundung einer durchhängenden Kette nachgezeichnet; andere hingegen vermuten, ihnen läge der gekurvte Umriß eines Geigenkörpers zugrunde. Kurz vor der Einweihung der neuerrichteten Brücke wurde dann eine Theorie laut, die man mit Hilfe von Fotos sehr überzeugend in den Zeitungen demonstrierte. Danach soll der Entwurf der Brücke von Michelangelo stammen, den Cosimo I. zu der betreffenden Zeit wegen anderer Projekte durch Vasari konsultierte. Das Vorbild der Bogenlinie fand man, wo es niemand gesucht hatte, nämlich an den Sarkophagen der Medici-Gräber, auf denen »Der Tag« und »Die Nacht«, »Der Morgen« und »Der Abend« ruhen. Wenn diese Theorie zutrifft – und weite Kreise haben sich schon angeschlossen –, dann würde ein Detail eines bildhauerischen Werkes, das zur Glorifizierung eines despotischen Geschlechtes bestimmt war, ins

Große übersetzt, das Eigentum der gesamten Bevölkerung von Florenz. Die Bildhauerkunst wäre damit zur Architektur zurückgekehrt wie eine Pflanze, die sich in ihre Urform zurückverwandelte, und ein schöner, dreifach geschwungener Bogen, dessen Ursprung so geheimnisvoll war, daß man glauben konnte, er stamme von einem Gott, trägt nun auf seinem Rücken das Verkehrsgewühl der Stadt.

Ohne Zweifel gab es in Florenz jedesmal, wenn eine Brücke neu erbaut wurde, Streit um das Unternehmen von der Zeit an, da die Statue des Mars in verkehrter Richtung auf der Ponte Vecchio stand. Die Auseinandersetzungen über die Ponte Santa Trinità dauern schon seit Kriegsende an und sind noch immer nicht beendet. Zuerst wurde die Frage aufgeworfen, ob man die alte Brücke überhaupt wiederherstellen solle. Warum durfte es nicht eine moderne sein? Als man sich geeinigt hatte, nahm man die alten Steinbrüche in den Boboli-Gärten, die goldfarbene Steine lieferten, wieder in Betrieb. Ein Sechstel der alten Bausteine wurde aus dem Arno geborgen. Dann aber gab es Schwierigkeiten mit den Steinschneidern, die man davon abhalten mußte, die neuen Steine »besser«, also mit scharfen Kanten, zuzuschneiden, eine Arbeit, die erst seit der Erfindung moderner Maschinen möglich geworden ist. Schon begann die Geduld der Baumeister zur Neige zu gehen, ähnlich wie es Michelangelo ergangen war, der schrieb: »Ich habe vor, Tote zu erwecken, diese Berge zu erforschen und nutzbar zu machen und die Kunst des Steinschneidens in dieser Gegend einzuführen.« Als die Steine schließlich geschnitten waren, wurde die Zusammenstellung ihrer Farbtöne kritisiert. Auch die Fundamente im Arno bemängelte man. Versehentlich wurde einmal ein Stück flußaufwärts eine Schleuse geöffnet, wodurch der Brückenunterbau in Gefahr geriet, und das zu einem Zeitpunkt, als sie fast fertiggestellt und schon für den Fußgängerverkehr freigegeben war. Der Herbstregen würde das übrige schon besorgen, unkten die Pessimisten und schauten zum Himmel auf. In der Tat sah es ein paar Tage lang so aus, als sollten sie recht behalten. Die Wiederherstellung der Santa-Trinità-Brücke erwies sich als beinahe ebenso schwierig wie der Versuch, »Tote zu erwecken«. Und in den Stolz der Florentiner auf die endlich vollbrachte Tat, die in unserer Zeit wohl einmalig ist, mischte sich die Sorge, daß am Ende noch irgendein Unheil passieren könnte. Je schöner sich die neuerstehende Brücke wölbte, bis sie dann eines Tages vorhanden war und sich wie eine Fata Morgana über dem grünen Fluß erhob, desto mehr stritt, prophezeite und krittelte man, aus lauter Furcht, daß womöglich doch noch etwas schiefgehen könnte.

Der letzte Streit ging seltsamerweise um den Statuenschmuck. Die Brücke trug früher vier Eckfiguren des Franzosen Pietro Francavilla aus dem späten 16. Jahrhundert, die die Jahreszeiten verkörperten. Sie besaßen keinen großen künstlerischen Wert, aber man hatte sich an sie gewöhnt, ähnlich wie an den alten Wächter Mars auf der Ponte Vecchio. Drei Figuren waren heil und unversehrt gerettet worden – eine sogar, wie man erzählt, von einem einheimischen Bildhauer (andere behaupten, es sei ein fremder gewesen), der in den Arno tauchte, um sie zu bergen –, die vierte aber, die »Primavera«, hatte den Kopf eingebüßt. Es ging das Gerücht um, diesen Kopf habe ein amerikanischer Negersoldat im Lärm und Durcheinander der letzten Kriegswochen fortgeschleppt. Andere behaupteten, ein neuseeländischer oder australischer Soldat habe ihn davongetragen: Man ließ Suchanzeigen in neuseeländischen Zeitungen veröffentlichen mit der Bitte, den Kopf zurückzuschicken, doch vergeblich. Unterdessen hielten sich weiterhin alle nur möglichen Gerüchte; der Kopf sollte in Harlem gesehen worden sein, er sollte in den Boboli-Gärten vergraben liegen – die Phantasie der Florentiner konnte sich einfach nicht damit abfinden, daß der »Primavera«-Kopf bei einem Gefecht in tausend Stücke geschossen wurde.

Als man schließlich die Hoffnung aufgab, den Kopf der »Primavera« jemals wiederzufinden, beschlossen die Autoritäten der Belle Arti, die vier Figuren nicht mehr aufzustellen. Darauf reagierte das Volk mit allgemeiner Empörung. Es wollte die Statuen wiederhaben. Die Belle Arti bestanden auf ihrem Entschluß, und so wurde eine Volksbefragung durchgeführt, mit dem Ergebnis, daß eine erdrückende Mehrheit für die Aufstellung der Figuren war. Da gaben die Belle Arti nach, scheinbar wenigstens, und nun begann man die Frage zu erörtern, ob die »Primavera« verstümmelt aufgestellt werden sollte, als Erinnerung an den Krieg, oder ob es angehe, ihr einen neuen Kopf aufzusetzen. Abermals schieden sich die Geister, diesmal fast unversöhnlich, und die Belle Arti benutzten das als Vorwand, das ganze Projekt aufzuschieben. Die Bevölkerung schöpfte Verdacht, als sie feststellte, daß man, obwohl Zeit genug verstrichen war, nicht einmal Anstalten machte, die Sockel an ihre alten Plätze zu bringen. Zeitungen riefen zum Handeln auf und deuteten an, die Belle Arti hätten die Kopffrage in böser Absicht nur deshalb zur Sprache gebracht, um Streit zu entfachen und den Beschluß der Öffentlichkeit nicht ausführen zu müssen. Man verlangte die Sockel sofort herbeizuschaffen, als Zeichen des guten Willens.*

In keiner anderen Stadt der Welt hätte eine derartige Auseinandersetzung sämtliche Bevölkerungsschichten so erregt

* Der Kopf wurde schließlich bei Brückenbauarbeiten an der Ponte Vecchio im Arno gefunden. Nachdem man sich sorgfältig von seiner Echtheit überzeugt hatte, trug man ihn in einer Prozession zurück und setzte ihn der *Primavera* wieder auf.

und so viel Hitze und Zorn heraufbeschworen. Die ganze Sache ist um so verwunderlicher, als sich die Florentiner nicht allzuviel aus ihrer Vergangenheit machen. Es gibt in Florenz keine Ruinen, und der romantische Menschenschlag, der angesichts von Ruinen ins Träumen gerät, ist hier nicht zu Hause. Die Geschichte mit den vier Statuen ist alles andere als eine Geschmacksfrage; ihr liegt etwas Elementares, Beharrliches zugrunde, eher ein Aberglaube als eine ästhetische Meinungsverschiedenheit. Machiavelli schreibt über die Freiheitsliebe, die für die kleinen, unabhängigen, nach klassischem Muster errichteten Republiken kennzeichnend ist – im Grunde seines florentinischen Herzens meint er immer die römische Republik –, und er assoziiert sie mit »den öffentlichen Gebäuden, den Sälen des Magistrats und den Insignien freier Institutionen«, die den Bürger an seine Freiheit erinnern, wenn er sie auch seit Generationen verloren hat. Um dieses Gefühl auszurotten, müßte man die ganze Stadt samt ihren Wahrzeichen und Symbolen Stein für Stein zerstören. Genau das wollten die Ghibellinen nach ihrem entscheidenden Sieg über die Florentiner Guelfen 1260 bei Montaperti; doch der große Ghibellinenführer Farinata degli Uberti, der seine Herkunft auf Catilina zurückführte, opponierte *»a viso aperto«* im Kriegsrat der Ghibellinenhäuptlinge. Der aus Rom vertriebene Catilina hatte beim Verlassen der Stadt gedroht, er werde zurückkehren und sie verbrennen; aber Farinata, ein Urflorentiner, wollte es nicht zulassen, daß seine Heimatstadt dem Erdboden gleichgemacht würde.

3

Durch die Geschichte von Florenz geistert der ruhelose Schatten Catilinas, angetan mit der Toga eines Konsuls. Man könnte sich gut vorstellen, daß Reste seiner Kohorten in den Hügeln von Pistoja weiterlebten und Nachkommen zeugten, von denen die wilden, aufrührerischen Toskaner abstammen. Aus dem alten Pistoriae wurde Pistoja, in den Augen Dantes ein passender Schlupfwinkel für den bestialischen Kirchenräuber Vanni Fucci, den er in der Hölle an einem Knäuel Schlangen antraf, noch immer nicht bereuend und Gott lästernd. Der Dichter rief Pistoja an und befahl der Stadt, sich in Asche zu verwandeln, weil sie noch schlimmeres Gesindel beherberge als die Nachkommen Catilinas.

Pistoja, heute ein Zentrum des Gartenbaues, ist von Florenz aus auf der *autostrada* in einer halben Stunde zu erreichen. Im Mittelalter war es in der Tat eine regelrechte Brutstätte von Streit und Zwistigkeiten; von hier ging die Spaltung in Schwarz und Weiß aus, die sich so verhängnisvoll für Florenz erwies, und es scheint, als habe Catilinas Hexenbrut späte Rache an jener Stadt genommen, die aus einem Heerlager ihrer römischen Feinde entstand. – Die Spaltung nahm ihren Anfang mit einem Streit zwischen zwei Pistojaner Familien, deren Kinder miteinander spielten. Unglücklicherweise verwundete ein Kind das andere leicht mit dem Schwert. Als der unvorsichtige Knabe auf Geheiß seines Vaters die Eltern des Spielgefährten um Verzeihung bat, ließ der Vater des Verletzten statt einer Antwort dem Jungen auf einem Schlachtblock die Hand abhacken und schickte ihn zurück mit der Botschaft: »Sage deinem Vater, daß Eisen und nicht Geschwätz Schwertwunden heilt.« Als hätte sie nur auf dieses Zeichen gewartet, teilte sich die Stadt in zwei Parteien, die sich »Bianchi« und »Neri« nannte, weil die Ahnfrau der einen Familie Bianca geheißen hatte. Der Streit breitete sich rasch bis nach Florenz aus, wo die beiden führenden Familien, die Donati und die Cerchi, unter den gleichen Namen wie die Pistojaner Parteien zu den Waffen griffen und einander den Kampf ansagten. Corso Donati, der Anführer der Florentiner Schwarzen, wurde von Dino Compagni in seiner Chronik aus dem frühen 14. Jahrhundert als ein Mann beschrieben, der Catilina glich bis auf die Tatsache, daß er noch grausamer war. Wie Catilina war er »kaltblütig, mit glatten Manieren, schön von Gestalt, von erfreulicher Klugheit und mit einem Geist, der stets auf Böses sann«.

Das Wort »Pistole« heißt eigentlich »Pistojaner«. Vor der Erfindung der Feuerwaffen bezeichnete man als Pistole einen Dolch, der nach Pistoja benannt war, entweder weil dort Dolche hergestellt wurden oder weil sie dort so häufig in Gebrauch waren. Noch heute gibt es viele Schmieden in Pistoja, aus denen der Geruch heißen Eisens und das Geräusch der Hämmer dringt. Mehr als alle anderen Städte der Toskana hat sich Pistoja die düstere Atmosphäre des Mittelalters bewahrt. Die alten städtischen Gebäude sind aus eisengrauem Stein – *pietra bigia pistoiese.* An der Vorderfront des Palazzo del Comune, des Rathauses am Marktplatz, ist ein geheimnisvoller Kopf aus schwarzem Marmor befestigt, darüber eine eiserne Keule. In Pistoja heißt es, es handle sich um den Kopf eines Verräters, der die Stadt den Luccanern in die Hände spielte. Sachverständige dagegen vermuten, daß es der Kopf des Musetto ist, des maurischen Königs von Mallorca. Die Insel war im 12. Jahrhundert während einer Expedition der

Pisaner gegen die Balearen von einem Kapitän aus Pistoja erobert worden. – Zu Ehren des Papstes Leo X. (Giovanni de' Medici, Sohn des Lorenzo) hat man die päpstlichen Schlüssel an dem Gebäude angebracht; doch die Leute von Pistoja behaupten, es seien die Stadtschlüssel, die der Verräter ausgeliefert hat.

Auf der anderen Seite des Platzes steht der Palast des Podestà, des auswärtigen Gouverneurs. Dieses Amt hatte einst Giano della Bella, der Florentiner Gracchus, inne. Ein stattlicher grauer Innenhof mit Säulengängen beherbergt einen langen steinernen Richtertisch, eine entsprechende Richterbank und ihr gegenüber die Anklagebank. Der Gerichtshof, der einst hier, fast im Freien, Klagen anhörte und Urteile fällte, war besonders während der demokratischen Periode am Anfang des 14. Jahrhunderts weit über die Grenzen der Stadt hinaus wegen seiner eisernen Strenge bekannt. – Die Demokraten von Pistoja verachteten als echte Nachfolger Catilinas den Adel, nahmen ihm alle Bürgerrechte und erniedrigten ihn so weit, daß er weniger galt als die Verbrecher. Beging in Pistoja ein Bürgerlicher ein Verbrechen, so wurde er zur Strafe geadelt. – Noch zur Renaissancezeit war Pistoja in allen Städten der Umgebung verrufen. Michelangelo schrieb ein Sonett gegen die Stadt; Machiavelli erwähnte eine Familie namens Palandra, »die, obgleich bäurisch, doch sehr zahlreich und wie alle anderen Pistoles zu Mord und Krieg erzogen war«. Man glaubte sogar, daß sich die Parteien der Guelfen und Ghibellinen nach zwei rivalisierenden Brüdern aus Pistoja namens Guelf und Ghibel benannten.

Wer die Geschichte der Stadt kennt, dem fällt immer wieder die Tatsache auf, daß so vieles in Pistoja buchstäblich schwarz und weiß ist. Mehrere romanische Kirchen und ein hohes achteckiges Baptisterium, sämtlich aus horizontal angeordnetem schwarzem und weißem Marmor, zeugen vom

Wohlstand der Erbauer. Diese prunkvollen Kirchen, das schwarze Mohrenhaupt – ein zweites ist der gestreiften Fassade von Sant'Andrea eingefügt –, die eiserne Keule, das drohende Grau der öffentlichen Gebäude geben der Stadt ein seltsam beängstigendes Aussehen, so als wären die Einwohner Verschwender und zugleich Angehörige geheimnisvoller Sekten.

Der Brauch, Sakralbauten in abwechselnde Streifen von schwarzem und weißem Marmor zu kleiden, stammt aus Pisa, jener Seefahrerstadt an der Küste, deren Matrosen die Sarazenen in Spanien bekämpft, den Emir von Ägypten besiegt und manchen Kreuzzug durchgeführt haben. So weit der Einfluß von Pisa in der Toskana reichte, taucht das schwarz-weiße Streifenmuster auf und mit ihm die Vorstellung, man sei im Orient. Man findet die schimmernden Streifen in Siena an der mächtigen, strengen Kathedrale; man findet sie in der Seidenstadt Lucca, wo das Pisaner Muster durch dekorative Reliefs, mehrfarbige Marmorintarsien, steinerne Löwen auf Säulen und geringelte steinerne Schlangen belebt wird. Der Pisaner Stil, manchmal untermischt mit dem Luccaner, doch auch selber reich an Skulpturen und anmutigen Loggienreihen, fand wie die Gewürze aus dem Orient Eingang in die entferntesten Gemeinden der ländlichen Toskana, drang vor bis in die hochgelegenen Orte Voltera und Carrara, nach Süden bis zu der alten Bergwerksstadt Massa Marittima, ins Inland bis Arezzo und Prato, übers Meer bis zu den Inseln Korsika und Sardinien.

Der Siegeszug der »getigerten« Architektur machte kurz vor Florenz halt, denn hier wehrte sich die klassische Tradition gegen alles Fremde. Die schwarz-weißen, manchmal auch dunkelgrün-weißen Marmorblöcke des Baptisteriums, San Miniatos und der Badia von San Domenico di Fiesole sind nicht in Streifen angeordnet, sondern in bezaubernden geometrischen Mustern, in Rhomben oder Quadraten, in langen Wellenlinien, als handle es sich um Hieroglyphenzeichen für Wasser, Kästchen, Rosetten, Sonnen und Sterne, Räder, Halbkreise, Halbellipsen und Flammen. Diese schönen, fröhlichen Muster verbinden sich mit klassischen Architekturelementen: stilreinen korinthischen Säulen, Säulengebälk und Giebeln. Anders als die stämmigen lombardischen Kirchen jener Zeit, sind die Florentiner romanischen Kirchen zwar einfach, doch niemals plump. Und im Gegensatz zu der Pisaner Romantik, die sich mit Wundern und Absonderlichkeiten abgab – das Überhängen des Schiefen Turms erscheint wie ein beabsichtigter Zufall – und in der viele fremde Einflüsse spürbar sind, hielt die Florentiner Romantik an der ihr eigenen Unschuld und Klarheit fest. Keine gewundene Säule fand im mittelalterlichen Florenz Boden; ebensowenig glitten steinerne Schlangen durch den Garten Eden, in den der Hirtenknabe Giotto hineingeboren wurde. Das Groteske fand hier keinen Eingang, erst in der späten Renaissance zeigte es sich, und auch da hauptsächlich in der Malerei. Im 13. Jahrhundert begradigten die Florentiner bereits ihre Straßen und Plätze. Verordnungen wurden erlassen, nach denen neue Straßen *»pulchrae, amplae et rectae«* sein mußten, um den Anstand der Stadt zu wahren. Eine Straße, die nicht schön, breit und gerade gebaut werde, sei *»turpis et inhonesta«*.

Alle romanischen Kirchen von Florenz tragen den Charakter einfacher Kapellen – Kapellen im Walde oder an Kreuzwegen. Das Baptisterium, außen in schwarz-weißem Marmor, innen in schwarz-weißem Marmor und mit Mosaiken geschmückt, ein regelmäßiges Achteck mit Pyramidendach, Kuppelgewölbe im Innern und einem großen Becken darunter, in dem früher alljährlich eine Großtaufe für alle im Laufe des Jahres geborenen Kinder stattfand – dieses Gebäude war ursprünglich die Kathedrale der Stadt. – San Miniato weist die reine frühchristliche Form der Basilika auf, jedoch mit sehr hohem Chor, der sich wie eine Hymne über die Krypta aufschwingt und von marmornen Treppen begleitet ist. Der Fußboden trägt ein bemerkenswert schönes Mosaik, schwarz auf weißem Grund, das die Tierkreiszeichen sowie Tauben und Löwen zeigt. Am Ende des Schiffes befindet sich ein großer Triumphbogen in schwarz-weißem Marmor mit Tauben und mit Kandelabern. San Miniato beherbergt die schlichten Gräber der ersten Christen von Florenz. – Die Badia von San Domenico di Fiesole, in deren steinerne Front eine kleine Marmorfassade mit geometrischen Mustern in Dunkelgrün und Weiß eingesetzt ist wie ein Edelstein in eine schlichte Fassung, wurde der Vision eines frommen Eremiten nachgebaut. Sie wurde in der Renaissancezeit von Brunelleschi restauriert und hat immer noch das Aussehen einer Eremitage hoch in den Bergen.

Reizvolle Legenden ranken sich um diese geradlinigen Tempel mit der schwarz-weißen Zeichensprache aus Rauten, Kreisen, Wasser- und Flammenlinien. Eine Ulme am Baptisterium soll mitten im Winter plötzlich Blätter getrieben haben, als man die Leiche des heiligen Zenobius vorübertrug; ein Pfeiler erinnert noch heute an diese Begebenheit. Zwei Porphyrsäulen zu beiden Seiten der Osttüren sollen der Sage nach ursprünglich Zaubersäulen gewesen sein, an deren blanker Oberfläche man Verrat und Machenschaften gegen den Staat ablesen konnte. Die Florentiner hatten sie als Trophäen von ihrem Zug nach den Balearen mitgebracht; aber die boshaften Pisaner steckten sie, bevor sie nach Florenz weiterbefördert wurden, in einen Schmelzofen, wo ihr Glanz und damit auch ihr Zauber verlorenging. An der Tür der Kirche Santi Apostoli auf der winzigen Piazza del Limbo, wo man früher die ungetauften Kinder beerdigte, besagt eine lateinische Inschrift, daß die Kirche von Karl dem Großen erbaut und von Erzbischof Turpin eingeweiht wurde, unter Teilnahme von Roland und Olivier. Diese kleine Kirche, in der La Pira jeden Sonntag Brot an die Armen verteilte, besitzt einige Steine, von denen man erzählt, ein gewisser de' Pazzi habe sie vom Heiligen Grabe mitgebracht, nachdem er als erster Kreuzfahrer die Mauern von Jerusalem erklomm. An jedem Ostersonnabend schlägt man aus diesen Steinen einen Funken und entfacht damit das Osterfeuer, das dann in einer Prozession zum Dom getragen wird. Sobald beim Hochamt im Dom das »Gloria« erklingt, setzt man am heiligen Feuer in der Altarnische eine künstliche Taube mit eingebautem Zünder in Brand und läßt sie an einem Draht hinausfliegen zum Carro, dem Florentiner Streitwagen, der mit Feuerwerkskörpern beladen ist. Gelingt der Flug und gerät das Feuerwerk in Brand, so darf man im Herbst mit einer guten Ernte rechnen. In solchen Bräuchen tritt das bäuerliche Erbe von Florenz zutage. – Vielleicht war das ursprüngliche Vorbild der frühen Florentiner Kirchen, die so ganz anders sind als die Prachtbauten von Pisa, Lucca, Venedig und Siena, der Stall von Bethlehem – im Zustand vor dem Eintreffen der Könige. Eine noch ländlichere Version der österlichen Taubenzeremonie fand früher in Empoli statt: Hier ließ man durch das Fenster der Hauptkirche einen lebensgroßen künstlichen Esel auf den Platz hinunterpendeln. Der letzte Esel wird in dem kleinen Museum von Empoli aufbewahrt.

Im allgemeinen waren die Städte mit der gestreiften Pisaner Architektur ghibellinisch wie Pisa selbst, das wegen seiner Flotte die besondere Gunst des Kaisers besaß. Die Städte mit den geometrisch gemusterten Kirchenfassaden hingegen waren guelfisch wie Florenz, Fiesole und Empoli. Lucca macht eine Ausnahme und ebenso Prato, eine Guelfenstadt, die lange von den Ghibellinen beherrscht wurde. In allen Stilarten jedoch herrschte in der toskanischen Romantik die Zweifarbigkeit vor, und das Wechselspiel zwischen Schwarz und Weiß, Licht und Schatten auf den alten Kirchenfronten erinnert an die toskanische Schachbrettpolitik im Mittelalter, an den Gegensatz zwischen Guelfen und Ghibellinen, Papst und Kaiser, Schwarz und Weiß. In diesen Gegensätzen dachten und sahen die Toskaner. Die letzte und eine der schönsten geometrischen Kirchenfassaden wurde von Leon Battista Alberti, dem Verfechter des Klassizismus in der Renaissance, vollendet. Es ist die Fassade von Santa Maria Novella, der Dominikanerkirche in Florenz.

Lucca war überwiegend guelfisch, Pisa hingegen ghibellinisch. Prato war guelfisch, Pistoja, nur ein paar Kilometer entfernt, war ghibellinisch; Florenz war guelfisch, Siena wieder ghibellinisch. Jedes schwarze Quadrat auf dem Schachbrett grenzte an ein weißes, mit dem es politisch kontrastierte. Manchmal wechselten die Farben: Wurde Pisa vorübergehend guelfisch, so wurde Lucca für kurze Zeit ghibellinisch. Die nächste und mächtigste Nachbarstadt war stets der »natürliche« Feind. Überdies lebten in jeder Stadt Gruppen der Gegenpartei. So waren die Florentiner Ghibellinnen mit Siena verbündet, die Guelfen von Siena mit Florenz.

Sobald es einer dieser Gruppen gelungen war, die Regierung der Stadt an sich zu reißen, pflegte sie die Häuser und Geschlechtertürme der besiegten Partei anzuzünden und die Gegner ins Exil zu jagen. Überall in Italien gab es solche *fuorusciti,* die Pläne für ihre Heimkehr schmiedeten. Sie stellten für die Städte eine beständige Gefahr dar, weil sie stets bereit waren, Feindschaft zu schüren und jedes nur mögliche Bündnis einzugehen, sofern es nur die Heimkehr als Preis verhieß. Zugleich drohten ständig Gefahren von innen, die im Kriegsfalle besonders akut wurden: Gefahren von seiten der zurückgebliebenen Freunde und Verwandten der Vertriebenen.

Nicht nur Pistoja, auch fast jede andere toskanische Stadt

kann von einem ungetreuen Soldaten oder Kommandanten berichten, der sich bereit fand, dem belagernden Feind die Tore zu öffnen: *il traditore*. Das Leben in diesen blühenden Handelsstädten war beängstigend unsicher. Verrat war an der Tagesordnung. Jedermann – jeder unzufriedene Bürger, Adlige oder Prälat – konnte zum Verräter werden, und deshalb wurde in Italien der Verräter, der Mann mit den zwei Gesichtern, noch mehr gehaßt und verabscheut als in anderen Ländern. Andererseits gab die verwickelte politische Lage dem Verräter vielerlei Möglichkeiten, seine Handlungsweise vor sich selbst zu rechtfertigen. Dante zum Beispiel verdammte die Verräter bis in die tiefsten Tiefen der Hölle; er selbst aber, ein Weißer Guelfe im Exil, der am Hofe von Can Grande in Verona inmitten von ghibellinischen *fuorusciti* lebte, bat den Kaiser, das gefallene Italien zu erlösen, und zweifellos hätte er mit Freuden seine Heimatstadt in die Hände der Kaiserlichen gespielt, wenn er dazu nur in der Lage gewesen wäre.

Diese seltsame Doppelmoral taucht in ähnlicher Form auch bei Machiavelli auf, jenem anderen Florentiner Genius, der ebenfalls zum Exil verdammt war und dessen Werke der Welt viele Rätsel aufgaben. Einige seiner politischen Schriften scheinen aufrichtig, andere doppelzüngig und sind fast im umgekehrten Sinne zu verstehen, als versteckte, bittere Angriffe auf die Politik. So wie aus Pistoja »Pistole« wurde, so wurde im Englischen »Old Nick« (Niccolò Machiavelli) zu einem Synonym für den Teufel, den Urverräter und *fuoruscito* des Himmels. Jedoch kann man sich beim Lesen von Machiavellis Schriften nur schwer des Gefühls erwehren, daß sich in seinen trockenen Rezepten für die Tyrannis die Freiheitsliebe als geheime Zutat verbirgt, die wie die langsam wirkenden Gifte jener Zeit erst später zum Durchbruch kam.

Der rasche Wechsel in der italienischen Politik des Mittelalters und der Renaissance läßt keine feste Bestimmung des politischen Kurses zu. Man kann aber sagen, daß die Guelfenpartei die Partei des Papstes war und die Machtinteressen des Landes vertrat. Die Ghibellinen hingen dem Kaiser des Heiligen Römischen Reiches Deutscher Nation jenseits der Alpen an und repräsentierten die alte Feudalschicht. Wenn der Kaiser über die Alpen kam, wurde die Macht der Ghibellinen gestärkt, viele wechselten die Farbe und trieben die Guelfen ins Exil. Zog er wieder nach Deutschland zurück, waren es die Ghibellinen, die ins Exil wanderten. Ein mächtiger Papst bedeutete eine starke Guelfenpartei und umgekehrt.

Aber dieses noch einigermaßen übersichtliche Verhältnis wurde durch lokale Händel verwirrt, durch Interventionen ausländischer Interessenten, durch Religionsstreitigkeiten, durch den Haß auf einen bestimmten Tyrannen oder *condottiere* und durch den Besitzwechsel der besiegten Städte. Und die schwer durchschaubaren Methoden, die Papst und Kaiser anwandten, die Ernennung der Gegenpäpste und Gegenkaiser verwirrten die Situation noch mehr. Der alte Gegensatz zwischen Guelfen (Kaufmannsstand) und Ghibellinen (Feudalschicht) tritt jedoch noch heute deutlich zutage, wenn man Florenz mit Siena vergleicht: Florenz, im Flußtal gelegen, mit seinen verhältnismäßig geraden Straßen, seinen Ocker- und Brauntönen, seiner edlen städtischen Bildhauerkunst und der einfachen, soliden Architektur. Siena, wie eine Vision aus der Ritterzeit, mit flammendroten Backsteinbauten auf den Hügeln, von Mauern umgürtet, mit reichen gotischen Palästen, mit Straßen, die sich spiralförmig bergauf winden bis zu der hochaufragenden, prächtigen Kathedrale im Zentrum, mit seiner mystischen Malerei in Gold und Rosa und Schwarz und Rot, mit den bemalten Holzfiguren der Verkündigungsengel und heiligen Jungfrauen. »Wir Bauern hätten das nicht gekonnt«, sagte ein Florentiner im Belvedere und wies auf ein besonders schönes Fresko, das im gotischen Stil von Siena die

Jungfrau darstellt. Aber einer dieser »Bauern«, Giotto, hat als erster die Körperlichkeit der Dinge ins Bild gebannt und damit die dreidimensionale Malerei eingeführt. – Zwischen beiden Städten ist immer noch ein Gegensatz lebendig. Touristen, die Siena lieben, fühlen sich in Florenz nicht wohl. Der Sieneser Aristokrat, der gern mit Intellektuellen plaudern möchte, fährt dazu beileibe nicht nach Florenz, sondern lädt Florentiner Professoren für einen Abend in seinen Palast. Der »Palio« von Siena ist ein Wettritt in historischen Kostümen, Fahnen und Wappenschildern rund um die Hauptpiazza. In Florenz vergnügt man sich statt dessen auf einem in mittelalterlicher Tracht ausgetragenen Fußballspiel auf der Piazza della Signoria. Daran erkennt man den Unterschied zwischen Rittern und Bürgern.

Die meisten toskanischen Städte zeichnen sich – wie die toskanischen Männer und Frauen des Mittelalters – durch stark ausgeprägte Merkmale aus. Es ist, als hätte sich das Prinzip des Individualismus hier mit Hilfe einer mysteriösen Kraft behauptet und als strebte jede Stadt und jeder einzelne Bewohner eine eigene Entelechie an. Dieser Prozeß reichte fast bis in die Gegenwart, und Siena ist dadurch immer mehr »sienesisch«, Florenz immer »florentinischer« geworden. Im Mittelalter sahen sich die beiden Städte wahrscheinlich mehr ähnlich als heute, denn beide waren damals lebhafte Handels- und Bankzentren, in beiden Städten wohnten viele tüchtige, geschickte Handwerker und eine Adelsschicht, die nur notgedrungen innerhalb der Stadtmauern lebte.

Diese Adelsschicht war es, die das Parteiwesen in die Städte brachte, das sich dann so verhängnisvoll für Florenz auswirkte. Den unerträglichen Hochmut der Edelleute erwähnt jeder Florentiner Chronist und Geschichtsschreiber. Von ihren Schlössern im Mugello und Casentino aus haben die Adligen, den Ungeheuern der alten Märchen gleich, das Land oft regelrecht verwüstet. Zwei Ritter, Guido Bevisangue (»Bluttrinker«) und Guido Guerra (»Krieg«), taten sich durch Grausamkeiten besonders hervor. Wenn die Kaufleute von Florenz einen Raubritter im Kampf besiegten, zündeten sie seine Burg an und nötigten ihn, jedes Jahr einige Zeit in der Stadt zu leben. In gleicher Weise verfuhr man in Lucca und Siena. Die merkwürdige Stille der toskanischen Landschaft, die Einsamkeit und Kahlheit der Hügel zwischen Florenz und Siena erinnern an diese Befriedungskämpfe, die bis ins 11. Jahrhundert zurückreichen. Mit dem Anwachsen der Macht der Städte wurde Burg um Burg, Festung um Festung abgetragen, und zurück blieb ödes, unbesiedeltes und unwirtliches Land. Die Türme von San Gimignano, die wie eine Luftspiegelung am Himmel stehen, erzählen als einsame Wahrzeichen dem heutigen Reisenden, wie die Gegend aussah, als die Hügel noch von Schlössern gekrönt waren, zu denen jeweils ein Dorf und ein wahres Dickicht von Türmen gehörten. Die Feudalherren, die dort saßen, waren im Grunde nichts Besseres als Wegelagerer, die private Zölle erhoben oder die Karawanen der durchziehenden Kaufleute ausplünderten. Die faltenreichen graubraunen Landschaften auf den Gemälden des Trecento, die düsteren Abgründe, die Bergspitzen und kahlen Steinwände vermitteln trotz ihrer stilisierten Form eine Vorstellung von der mittelalterlichen Toskana als einer öden Felswüste, in der es allenfalls ein Eremit, ein Heiliger in braunem Gewand mit einem Strick um die Hüften, aushielt.

Später bepflanzte man die Hügel dann mit Olivenbäumen, Reben, Zypressen und Pinien; in der Umgebung der Städte entstanden schöne Villen mit Gärten, Terrassen und Zitronenbäumen. Der eigentümliche Reiz der toskanischen Landschaft aber entsteht aus der Verbindung zwischen dem von Menschenhand kultivierten Land und einer großartigen, elementaren Majestät und Stille. Die Oliv- und Silberfarben muten mit den verschiedenen Grüntönen des wachsenden Getreides wie ein gestickter Schleier über einer steinigen Wildnis an, in die ein zurückweichender Gletscher die seltsamsten Formen schnitt. Die Märchenlandschaft der Ritterzeit mit den leuchtenden Burgen auf den Hügeln wurde durch die Kriege der Bürgerstädte von der Landkarte Tusciens ausgelöscht. Von einigen spärlichen Ruinen abgesehen, den letzten Resten einer grauen Mauer oder eines Turmes, weist das Land als Erinnerung an das Mittelalter nur noch Klöster und Abteien auf, denn Frömmigkeit war hier von jeher heimisch. Fromme Eremiten fanden sich zusammen, um in Höhlen zu leben; sie predigten, hatten Visionen und gründeten Klöster. Vor allem irische und schottische Heilige lockte diese Gegend an; viele von ihnen sind hier begraben und hinterließen Kirchen und Dörfern, wie San Frediano in Lucca und San Pellegrino delle Alpi, ihre Namen. Der Bruder der heiligen Brigitta, Andreas, gründete das Kloster von San Martino am Flusse Mensola, dicht bei Florenz, und die Heilige selbst wurde aus Irland auf Wunsch ihres sterbenden Bruders von einem Engel zu ihm in die Toskana getragen. Dort errichtete sie eine Kirche und zog sich dann in eine Höhle in den Bergen zurück.

Die Edelleute des *contado,* die, urkundlichen Berichten zufolge, kaum ihre eigenen Namen schreiben konnten, waren mit dem Christentum kaum in Berührung gekommen und hatten ihre Freude daran, Klöster auszuplündern und rohe Späße mit den Mönchen und Laienbrüdern zu treiben, die sie auf ihren Raubzügen gefangennahmen. Als man sie in Florenz seßhaft machte, führten sie dort nicht nur die Blutfehde und die Vendetta ein, sondern ließen auch nicht von ihrem Brauch, sich Türme zu bauen – Tieren gleich, die ihrem Nesttrieb folgen. Die ersten dieser Türme entstanden in Florenz im 11. Jahrhundert. Im zwölften waren es schon über hundert, meist in der Altstadt um den Mercato Vecchio und die heutige Piazza della Signoria gelegen. Sie – der Löwenturm, der Flohturm, der Schlangenturm und wie sie sonst noch hießen – wurden zu Wahrzeichen einer uneingeschränkten Herrschsucht, jener Eigenschaft, die den Florentinern seitdem von ihren Nachbarn nachgesagt wird: »Gente avara, invidiosa e superba.« Das, so berichtet Dante, waren von jeher die Merkmale der Florentiner. Und an anderer Stelle sagt er, die Pisaner sähen auf sie hinab wie auf ein Rudel wilder Bergbewohner.

»Geizig, neidisch und stolz«, wie die Florentiner waren, wohnten ihnen ein unbändiger Freiheitswille und eine wilde Streitlust inne. Sie bildeten nach der einmütigen Ansicht aller Chronisten die Ursache der innerstädtischen Unruhen. Jeder wollte der erste sein, niemand wollte zugeben, daß ein anderer ihm überlegen war. Die Türme wuchsen höher und höher, denn auch die alteingesessenen Bürger bauten jetzt mit dem Adel um die Wette, und die Stadt entwickelte sich zu einem hundertfachen Babel, dessen Türme bis zu sechzig Meter und mehr maßen. 1250, im Jahre der ersten Demokratie, der *Primo Popolo,* wurde angeordnet, die Turmhöhe um zwei Drittel zu reduzieren. Dabei fiel wahrscheinlich genügend Baumaterial für die Stadtmauer am Arno ab. Demokratische Neigungen machten sich unter den ärmeren Handwerkern von Florenz schon sehr früh bemerkbar; man wehrte sich gegen den Stolz der Adligen und die Habsucht der reichen Bürger. Die Verkürzung der Türme auf eine bestimmte Höhe – keiner durfte höher als dreißig Meter sein – war Ausdruck der angestrebten Gleichberechtigung. Heute sind die Türme fast sämtlich verschwunden, und vom Piazzale Michelangelo aus wirkt Florenz beinahe flach. Die einheitliche Silhouette der Stadt wird nur unterbrochen vom Turm des Palazzo Vecchio, vom Bargello, von den drei großen Kuppeln Brunelleschis –

dem Dom, San Lorenzo und Santo Spirito –, von den Glockentürmen des Doms, der Badia und der beiden Kirchen der Predigerorden, Santa Maria Novella und Santa Croce. Seit Arnolfo di Cambio, der nach dem Sturz der zweiten Demokratie im Jahre 1296 mit dem Bau des Domes begann, ist die starke Betonung horizontaler Linien ein charakteristischer Zug der Florentiner Architektur.

In frühen Zeiten jedoch waren die Türme nicht nur Ausdruck des Trotzes und der Prunksucht der Adelsfamilien, man brauchte sie auch wie ehemals in den Bergen, um Belagerungen standzuhalten, zu denen es im Verlauf der Fehden zwischen den einzelnen Geschlechtern oder zwischen einem Geschlecht und der übrigen *comune* immer wieder kam. Jede Familie – oft waren es auch größere Familiengruppen – besaß einen Turm, den eine kleine Brücke mit dem oberen Stockwerk des Hauses verband. Mächtigere Geschlechter nannten eine stattliche Anzahl von Türmen ihr eigen; sie standen entweder nahe beieinander oder waren über die ganze Stadt verteilt. Bei einem drohenden Racheakt verschanzte sich die Sippe in ihren Türmen und ließ Steine und brennendes Pech auf ihre Feinde hinunterregnen. Oft wurden die angrenzenden Häuser, wenn sie nicht bis auf die Grundmauern niederbrannten, mit schweren Rammböcken zerstört. In den Straßen wurden Barrikaden errichtet, und friedlichen Bürgern war es nicht anzuraten, während solcher Familienfehden das Haus zu verlassen. Als man nach der Hochwasserkatastrophe des Jahres 1178 (damals wurde die Mars-Statue fortgespült) die Ponte Vecchio reparieren mußte, erschienen die Handwerker am Arbeitsplatz in Kettenpanzern, mit Äxten und dem wehenden Banner ihrer Kirchengemeinde zum Schutz gegen die kämpfenden Magnaten. Im Jahre zuvor hatten die Uberti, die Vorfahren Farinatas, den ersten Bürgerkrieg in Florenz entfesselt. Im Verlauf ihrer Händel mit der herrschenden Oligarchie brannte die halbe Stadt ab, und nach einer Überlieferung aus dem 14. Jahrhundert sollen die leidgeprüften Bürger damals erwogen haben, Florenz zu verlassen und an anderer Stelle eine neue Stadt zu gründen.

Noch früher, im 11. Jahrhundert, trug es sich zu, daß ein junger Edelmann, der an einem Karfreitag zu San Miniato hinaufstieg, einem Manne begegnete, in dem er den Mörder seines Bruders erkannte. In einer Anwandlung von Milde ließ er ihn am Leben, sei es, weil es Karfreitag war oder der Mann um Gnade flehte, indem er seine Arme ausbreitete wie Christus am Kreuz. Danach kniete der junge Adlige in der Kirche vor einem Kruzifix zum Gebet nieder, und der Gekreuzigte neigte sich zu ihm und lobte seine Güte. Dieser Edelmann war Giovanni Gualberto, der spätere Begründer des Vallombrosanerordens, ein ungewöhnlicher Mensch, dessen Kampf gegen die Simonie von entscheidender Bedeutung war für das Wiederaufleben des christlichen Glaubens im 11. Jahrhundert. Die Überlieferung berichtet aber weniger von ihm als dem frühen Reformator, sondern hauptsächlich von seiner Tat, die mit dem Brauch der Blutfehde brach. Trotzdem war er ein typischer Florentiner Radikaler, der vierzig Jahre lang mit seinen Anhängern die Stadt in Aufruhr hielt. Er verursachte große Unruhen und verfeindete sich sogar mit Papst Urban II., der selber ein Reformator und Aufrührer war. Giovanni erhob Florenz zum Mittelpunkt der Reformbewegung und machte die Straßen zum Kriegsschauplatz. Seine Mönche traten mit Schwertern gegen die Parteigänger des Bischofs an, und fromme Frauen wuschen das Blut, das die wilden Mönche vergossen, mit Tüchern auf, die man seitdem als Reliquien verehrt. Der Heilige selbst blieb während dieser Schlachten in seinem Kloster im Wald von Vollambrosa. Er befehligte seine Truppen aus der Ferne, kämpfte gegen die Sünden des Fleisches an, für die seine männliche Natur sehr anfällig war, und lernte seinen Namen schreiben.

Im Mittelalter bildeten sich in Florenz Sekten der verschiedensten Art, von den extremsten Fanatikern bis zu aufgeklärten, weitherzigen Verfechtern der Toleranz. Einerseits war die Stadt eine Hochburg des Epikureertums, wie man es damals verstand – Farinata degli Uberti soll ein Epikureer gewesen sein, das heißt ein heidnischer Zweifler und Materialist, der weltlichen Genüssen ergeben war –, auf der anderen Seite war sie ein Treibhaus für puritanische Ideen und Praktiken. Die Patarener, die ähnliches lehrten wie die Albigenser, bekehrten hier im 12. und frühen 13. Jahrhundert nicht nur Tausende von Menschen, sondern Florenz war sogar der Sitz der mächtigsten Patarener-»Diözese« von Italien mit eigenen Priestern und Bischöfen. Die Anhänger dieser Sekte lehrten, die Welt werde allein vom Teufel regiert. Sie waren Vegetarier und Pazifisten, lebten ehelos und schworen nicht. Sie glaubten weder an die Taufe noch an das Abendmahl, sie hielten nichts von Gebeten für die Toten und von Reliquienverehrung und Bilderanbetung, und sie waren überzeugt, daß alle Päpste seit dem heiligen Silvester – er war verantwortlich für die sogenannte »Konstantinische Schenkung«, nach der die Kirche kaiserliche Gewalt haben sollte – ewiger Verdammnis anheimfallen müßten. Solche Lehren besaßen für die Florentiner, die sich immer wieder nach einer Kirchenreform und einer idealen Staatsform sehnten, magische Anziehungskraft. San Giovanni Gualberto und die ersten toskanischen Eremiten waren die geistigen Ahnherren der Patarener, Vorläufer Savonarolas und der Reformation. Und der Hang zum Zelotismus im Temperament der Florentiner ist zweifellos auch der Grund, weshalb die Kirchen von Florenz uns heute im Vergleich zu denen von Lucca, Siena, Venedig oder Rom »protestantisch« oder »reformiert« erscheinen. Hätte Savonarola sich behauptet, wäre Luther nicht mehr nötig gewesen.

Florenz nahm die Reformation im 11. Jahrhundert vorweg. Der Kampf gegen die Simonie, gegen das Schachern mit geistlichen Ämtern, ähnelte im wesentlichen dem Kampf gegen den Ablaß. Aber es ist auch kennzeichnend für diese Stadt mit ihren schnell wechselnden Leidenschaften, daß hier im 13. Jahrhundert die Gegenreformation stattfand und daß die Inquisition unter der Führung des heiligen Märtyrers Petrus zwei Gruppen bildete, die Crocesegnati und die Compagnia della Fede, um die Patarenerbewegung auszurotten. Auch diese Schlacht wurde auf Straßen und Plätzen geschlagen. Petrus selbst, in Dominikanerkutte, eine Fahne mit rotem Kreuz in der Faust, führte seine Truppen an. Nahe bei Santa Maria Novella, wo er von der Kanzel zu wettern pflegte, vollzog sich das grausige Massaker der Patarener. Die Stelle ist durch ein Kreuz, das sogenannte »Croce al Trebbio«, und durch eine besondere, einzelnstehende Säule bezeichnet. Eine andere Säule, in der Nähe der Kirche Santa Felicità, jenseits des Arno, nicht weit vom Ponte Vecchio, gibt den Schauplatz einer zweiten großen Glaubensschlacht an. In der Spanischen Kapelle von Santa Maria Novella sieht man den Inquisitionsheiligen in ein schwarz-weißes Dominikanerhabit gehüllt und begleitet von einem Rudel schwarz-weißer Hunde, die ihn beim Aufstöbern der Irrlehren helfen. Der Heilige wurde später auf dem Wege von Como nach Mailand von einem Ketzer erstochen, und in der norditalienischen Malerei findet man ihn gewöhnlich mit einem Messer im Kopf dargestellt, während Florentiner Künstler ihn einige Male mit dem Finger an den Lippen malten, vermutlich um die Inquisition zu symbolisieren. – Die Spanische Kapelle hat ihren Namen nach dem spanischen Gefolge der Eleonore von Toledo, der Gattin Cosimos I., die hier die Messe zu hören pflegte. Die Wandfresken der Kapelle aus dem Trecento stellen den Triumph der Rechtgläubigkeit über die Ketzerei dar und muten heute ein wenig seltsam an. Zur Zeit der Gegenreformation jedoch müssen sie den spanischen Gläubigen ein vertrauter Anblick gewesen sein; auf den Bildern fehlten lediglich die Folterbänke und Ruten.

Die bewaffneten Scharen des Märtyrers Petrus widmeten sich, nachdem sie die Patarener ausgerottet hatten, guten Werken, wie dem Bau von Krankenhäusern und der Krankenpflege. Ihre Bruderschaft, die ihren Sitz im Bigallo gegenüber dem Dom hatte, war eine Vorläuferin des Roten Kreuzes. Noch heute kann man in Florenz die Ordensbrüder sehen, wenn sie maskiert und mit schwarzen Hüten (sie verbergen ihre Identität aus Demut) vor der Mietskaserne eines Armenviertels eine Bahre aus dem Auto heben und einen Kranken holen.

Ständiger Glaubens- und Meinungswechsel war charakteristisch für das mittelalterliche Florenz, und häufig genug paarte sich ein politischer oder religiöser Umsturz mit Ausbrüchen wilder Grausamkeit. Man könnte diese Entscheidung mit einem unbeständigen Flußlauf vergleichen, der das Volk heute in diese, morgen in jene Richtung zwang. Niemand konnte sich im öffentlichen Dienst sicher fühlen, Ketzerei und Verrat umgaben ihn. Die Guelfen nannte man *traditori,* die Ghibellinen hießen bei ihren Gegnern Patarener. »In der Vergangenheit wie in jüngster Zeit«, schreibt der Chronist Giovanni Villani, »ist es in Florenz immer wieder vorgekommen, daß ein Mann, der sich an die Spitze des Volkes stellte, vom Volk auch wieder gedemütigt wurde, weil es niemals geneigt war, berechtigtes Lob zu spenden oder Verdienste auch nur anzuerkennen.« Villani sagt das im Zusammenhang mit dem Sturz seines Zeitgenossen Giano della Bella, eines puritanischen Politikers, der zu den tragischsten Gestalten der Geschichte zählt. Seinen ererbten Adelstitel legte er aus reiner Gerechtigkeitsliebe ab. Im späten 13. Jahrhundert trat er, vom Volk als Führer anerkannt, für die Sache der »wahren Demokratie« ein und bemühte sich, den Wählerkreis dadurch zu erweitern, daß mehr Zünfte das Wahlrecht erhielten, die Zünfte der kleineren Kaufleute und Handwerker zum Beispiel, die Ölhändler, Schenkenwirte, Messerschmiede, Holzarbeiter, Bäcker usw.

In seinem Eifer gegen die eigenmächtigen Adligen und die geldgierigen Wollhändler und Bankiersgilden, die zu jener Zeit der Guelfenpartei angehörten, stellte Giano die furchtbaren »Ordnungen der Gerechtigkeit« auf (1292–1294), die ein geniales Instrument des Terrors waren und zum ersten Male in der Geschichte der Demokratie die Denunziation offiziell guthießen. Unter dem Deckmantel dieser Verordnungen wurden die größten Ungerechtigkeiten begangen. Staatsfeinde, das heißt Antidemokraten, aber auch Nichtdemokraten, konnten ohne jegliche Beweise auf ein Gerücht hin schuldig gesprochen werden. Adligen wurden Ämter und Würden versagt. Jedermann war für Verbrechen mitverantwortlich, die seine Verwandten begingen. *»Tamburi«* genannte Kästen standen vor dem Palast des Podestà und dem Haus des Volksobmannes, damit man schriftliche Denunziationen anonym abgeben konnte. Zweiundsiebzig Familien wurden die Bürgerrechte aberkannt, und damals hatte eine Familie beinahe die Größe eines Volksstammes. So zählte zum Beispiel einmal ein einziger Mann dreißig Vettern und Neffen unter Waffen. Damals, zur Zeit des *Secondo Popolo*, geschah es auch, daß viele Adelsfamilien ihre Namen änderten und sich mit dem Volk vermischten, ähnlich wie sich die Juden in Spanien und Portugal aus Furcht vor der Inquisition taufen ließen. So wurden aus den Tornaquinci die Tornabuoni, aus den Calvacanti die Clampoli, und die Marabottini nannten sich Malatesi.

Giano wurde schließlich selber ein Opfer dieser Atmosphäre aus Mißtrauen und Verrat. Die Guelfen setzten ein Gerücht über eine drohende ghibellinische Gefahr in Umlauf, und durch eine fein eingefädelte Intrige Corso Donatis wurde Giano als Umstürzler denunziert. Getreu seiner idealistischen Gesinnung ging er um des Volksfriedens willen freiwillig ins Exil; aber das schützte ihn nicht davor, *in absentia* samt seiner ganzen Familie nach seinem eigenen Sippenhaftgesetz verurteilt zu werden. Die Häuser des Geschlechtes wurden zerstört, und Giano beschloß sein Leben im Exil als *fuoruscito,* der in Frankreich eine Zweigstelle der Pazzi-Bank leitete. »Giano war ein weiser Mann«, sagte Villani, »allerdings war er wohl ein wenig zu vermessen.«

In einem anderen Aufstand, kurz nach dem Sturz Gianos, zwang man die Edelleute, ihre großen Armbrüste an die Republik zu verkaufen, und im Jahre 1298 begann man mit dem Bau des Palazzo Vecchio, der die Signorie vor den Überfällen des Adels schützen sollte. Aber die Macht der Magnaten und der neureichen Bürger, der »fetten« *popolani,* war zu groß. Bald darauf, im Juni 1304, fingen die Donati, Tosonghi und Medici Streit miteinander an und steckten sich gegenseitig die Paläste in Brand, wobei das Zentrum der Stadt abermals zerstört wurde. Die Armen im Elendsviertel mußten wiederholt zusehen, wie ihre Holzhäuser beim Streit der Großen in Flammen aufgingen. Man versuchte es mit Protesten, freilich ohne Erfolg. Schließlich kam es 1378 zur Revolte der Ciompi, der Wollkämmer. Ein rothaariger Proletarier, Michele di Lando, gelangte hierdurch als *gonfaloniere della giustitia* (Bannerträger der Gerechtigkeit) zur Macht; aber auch er, obwohl ein Mann von Verstand und Mäßigung, endete im Exil. Donatellos Vater, ein Wollkämmer, nahm übrigens ebenfalls am Ciompi-Aufstand teil, wurde als Rädelsführer denunziert und floh nach Lucca, von wo er sich erst nach zwei Jahren zurückwagte.

Der *popolo minuto,* die Arbeiterklasse von Florenz, die zu den großen Gilden der Mittelschicht keinen Zutritt hatte, verhielt sich nichtsdestoweniger politisch sehr rege. Im Grunde genommen war die Bevölkerung von Florenz politisch zu stark gegliedert, um sich einheitlich regieren zu lassen. Immer drohte das Volk, selbst die Macht zu übernehmen, und wie kurz auch die Amtszeit einer gewählten Regierung sein mochte – manchmal dauerte sie nur sechs Monate –, so erschien sie vielen doch gewöhnlich noch zu lang. Florenz hat fast jede Regierungsform ausprobiert. Das macht die Florentiner Geschichte »transparent und beispielhaft«, wie Burckhardt es von Athen sagte.

Die Florentiner hörten mit Vorliebe Rednern zu. Sobald die große Glocke erklang, versammelten sie sich auf der Piazza, um zu hören, was man ihnen zu verkünden hatte. Die *»arringa«* war ursprünglich eine vorbereitete Ansprache der Konsuln an das Volk. Ein Bericht aus der ersten Hälfte des 13. Jahrhunderts beschreibt die Methoden, deren sich damals ein Redner bediente, wenn es darum ging, das Volk zum Krieg oder zu einem Racheakt aufzuwiegeln. Er nahm eine furchterregende kriegerische Haltung ein, schnitt gräßliche Gesichter, runzelte die Stirn und warf die Arme drohend in die Luft. Diese Pantomimen, dem Kriegstanz wilder Völker ähnlich, wurden offenbar als ein Schauspiel aufgefaßt. – Auch heute noch werden auf der Piazza della Signoria politische Versammlungen abgehalten, und auch heute noch versteht das Volk sie als Theater. Da spricht etwa ein kommunistischer Redner abends von einem Podium unter den Bögen der Loggia, Hunderte von roten Fahnen wehen um ihn, und der »David«, der »Perseus« und der »Herkules« werfen ihre gigantischen Schatten auf ihn und die herbeigeströmte Menge. Überhaupt scheint sich diese Piazza für politische Kundgebungen besonders gut zu eignen. Sie kommt erst voll zur Geltung, wenn ein Meer von Zuhörern sie füllt und um die Sockel der hohen Statuen brandet – und an solchen Abenden hat man dann den Eindruck, daß Redekunst und Bildhauerkunst unzertrennlich zusammengehören. In der Tat ist denkbar, daß der Realismus der Florentiner Bildhauerei ähnlichen Wurzeln entstammt wie die Freude an der Mimik und Gestik der Redner. Zu den Schätzen des Archäologischen Museums gehört eine etruskische Statue, »Arringatore« genannt (3. Jahrhundert v. Chr.), die, wie man annimmt, einen gewissen Aules Metelis während einer Rede darstellt.

Das Vorspiel eines Krieges bestand in aufstachelnden Reden an das Volk; als Nachspiel – zumindest wenn ein Sieg errungen war – sang man in Florenz Spottverse auf den Feind. Das war schon von jeher so und ging auf die Unterwerfung von Fiesole zurück. Erst später übernahmen andere toskanische Städte diesen Brauch, bei dem es mitunter auch zu tätlichen Verhöhnungen kam. Nach der Schlacht von Campaldino, in der Dante mitkämpfte, zogen die Florentiner vor die Besiegte, die von einem kriegerischen Bischof regierte Stadt Arezzo, und warfen dreißig tote Esel mit Bischofsmützen auf dem Kopf über die Mauer. Derart rauhe Späße, die als typisch florentinisch galten und manchmal auch in Grausamkeiten ausarteten, kamen noch während der Renaissance vor. Jugendliche Übeltäter, die Savonarola verspotten wollten, beschmierten seine Kanzel im Dom mit Schmutz, hängten eine stinkende Eselshaut darüber und trieben lange Nägel in die Kante, auf die der Prediger im Eifer mit beiden Fäusten zu hämmern pflegte. Vier oder fünf Jahrhunderte vorher hatte man dem Mars genauso übel mitgespielt. Zwar wurde die Statue im März nach einer guten Ernte mit Blumen bekränzt, nach einer schlechten Ernte jedoch warf man Schmutz auf sie. So waren schon damals die Volksbräuche entartet.

Nicht selten endeten die Ansprachen auf der Piazza mit

furchtbaren Tumulten, wobei man Menschen buchstäblich in Stücke riß. 1343, nach dem Sturz des Herzogs von Athen, wurde der Körper eines Mannes auf der Piazza della Signoria kannibalisch verzehrt. Später, bei der Aufdeckung der Pazzi-Verschwörung, geschah es, Machiavelli zufolge, daß man im Tumult Leichenteile auf Speerspitzen einhertrug und auf die Straße warf. Die Landstraßen in der Umgebung von Florenz sollen mit menschlichem Fleisch bedeckt gewesen sein. Die Greuel allerdings, die Pistoja im Bürgerkrieg heimsuchten, übertrafen noch die von Florenz. In der ganzen Toskana war es im Mittelalter üblich, zum Tode Verurteile »einzupflanzen«, das heißt, sie bei lebendigem Leibe mit dem Kopf nach unten zu begraben.

Krieg, Aufstände und Parteienstreit, in deren Verlauf es zu solchen Grausamkeiten kam, konnten jedoch hin und wieder auch einen Anflug poetischer Schönheit und eine gewisse Fairneß zeigen. So schoß Graf Ugolino della Gherardesca, Hauptmann von Pisa, während der Belagerung von Genua als Zeichen seiner Verachtung silberne Pfeile über die Mauer der Stadt. Und in Arezzo trauerte man nach der Niederlage Heinrichs VII. so sehr um die Ghibellinen, daß man beschloß, das weiße Roß im Stadtwappen durch ein schwarzes zu ersetzen.

Der Florentiner Kriegswagen wurde von zwei prächtig aufgeschirrten Ochsen gezogen; er war zinnoberrot bemalt und mit geschnitzten Löwen verziert. Auf dem Wagen, *carroccio* genannt, zogen eine Glocke und ein Priester in die Schlacht. Das Glockengeläut wies den Weg zum Priester, wenn Sterbende Absolution und Sakramente erhalten wollten. Auch eine große Glocke, Martinella oder Campa degli Asini (Eselsglocke) genannt, begleitete das Heer, und eine dritte, die Kriegsglocke, läutete vor jedem Feldzug dreißig Tage lang im großen Bogen von Por Santa Maria, um den Feind zu warnen.

Castruccio Castracane von Lucca feierte seinen Sieg über die Florentiner bei Altopascio (1325) mit einer triumphalen Rückkehr nach Lucca. Mit Lorbeer bekränzt, in Purpur und Gold gekleidet, stand er in einem von vier Schimmeln gezogenen Streitwagen und ließ Gefangene in Ketten vor sich hertreiben und zum Zeichen seines Triumphes die *carrocci* von Florenz und Neapel rückwärts fahrend im Zug mitführen. Dieser mittelalterliche *condottiere*, der militärische Genius seiner Heimat und seiner Zeit, den noch zwei Jahrhunderte später Machiavelli bewunderte, starb, zum Glück für Florenz, das Castruccios Ruhm- und Prunksucht wohl nicht ertragen hätte, an einer ganz gewöhnlichen Erkältung, als er einen Angriff auf die Stadt vorbereitete.

Machiavelli schrieb in der Art Plutarchs eine phantasievolle Biographie Castruccios, in der es von witzigen Aussprüchen und derben Späßen des Helden nur so wimmelt. So war Castruccio einmal von einem wohlhabenden Luccaner, der erst kurz zuvor sein Haus prächtig hatte herrichten lassen, zum Mahle geladen. Castruccio besah sich die reiche Wandverkleidung und den bunten Mosaikfußboden mit den Blüten- und Blättermustern, spie dann plötzlich seinem Gastgeber mitten ins Gesicht und erklärte, er hätte nicht gewußt, wo er sonst hinspucken sollte, ohne all die Kostbarkeiten zu beschmutzen.

Der beißende Spott, die Schlagfertigkeit der Florentiner haben eine lange Geschichte. Gern hängen sie sich heute noch Spitznamen an. Eine schlampige Dame etwa heißt »das ungemachte Bett«, ein alternder Kavalier »das müde Roß«, eine alte Dame, deren Make-up verläuft, »das Wunder des heiligen Januarius«. Im Mittelalter blieben solche Namen an ihren Trägern haften und verwandelten sich zu Familiennamen. Davidsohn hat eine Liste solcher Namen zusammengestellt; hier eine kleine Auswahl: der Taube, der Blinde, der Räudige, der Schöne, Stummelfuß, Affenmaul, Pferd, Kuh, Maultier, Lügner, Sünder, Holzkopf, Säufer, Pharisäer, Straßenräuber, Schlechter Ratgeber. Die Straßen im Domviertel hießen noch bis zum Beginn unseres Jahrhunderts, wo man viele Straßen umtaufte, Tod, Hölle, Fegefeuer, Kreuzigung, Unsere Liebe Frau vom Husten, Die Ruhe des Alters, Galgengasse, Die Gräber, Der Weg der Unzufriedenen, Bittere Not, Kleine Fetzen, Skelettstraße.

Nach den Chroniken Dantes und Villanis hat sich Florenz im Mittelalter nur kurzer zehn Friedensjahre erfreut. Das waren die zehn gesegneten Jahre des *Primo Popolo.* Auch spätere Geschichtsschreiber widerlegten diese Darstellungen nicht. Dante verglich Florenz mit Theben, jener anderen dem Kriegsgott geweihten Stadt, deren Gründer aus einer Saat von Drachenzähnen stammten. Fast scheint es, als seien die Chronisten verwundert, daß Florenz nicht wie Theben an seiner inneren Uneinigkeit, die auch nach außen wirkte, zugrunde ging. Im Gegensatz zu Venedig, Pisa, Genua und Mailand blieb die Florentiner Republik nach der Unterwerfung der Edelleute auf dem Lande und der kleineren Nachbarstädte keine Militärmacht. Ihre Spezialität war der Bürgerkrieg innerhalb der Stadtmauern. Im Felde verzeichnete sie mehr verlorene als gewonnene Schlachten, und diplomatische Begabung war den Florentinern versagt. Immer wieder wurde das geschwächte, uneinige Florenz im letzten Moment vor der Vernichtung bewahrt, etwa durch den Tod des Castruccio Castracane, den Tod Heinrichs VII., den Tod Manfreds, Giangaleazzo Viscontis und des Königs Ladislaus von Neapel. All diese Todesfälle scheinen von der Vorsehung gerade noch im rechten Augenblick gesandt zu sein.

Auf Klugheit und Energie gründet sich die Vorrangstellung der Florentiner; ihr Reichtum, der als sagenhaft galt, bot den Feinden der Stadt großen Anreiz. Wie es kam, daß Florenz trotzdem so lange bestehen konnte, hat eigentlich kein Historiker recht erklärt. Man kann es allenfalls dem Schutzheiligen zuschreiben oder dem bloßen, freilich etwas unheimlichen Zufall.

4

»Wie schön ist doch die Perspektive!« Paolo Uccellos Frau erzählte gern, daß der Künstler oft die ganze Nacht hindurch am Schreibpult saß und sich mit Problemen der Perspektive herumschlug. Wenn sie ihm sagte, er solle endlich schlafen gehen, erwiderte er nur: »O che dolce cosa è questa prospettiva!« Man könnte sich vorstellen, daß diese Bewunderung mit Seufzern gemischt war, denn die Perspektive war dem Künstler eine spröde Geliebte. Der Architekt Brunelleschi entdeckte wichtige Gesetze für das perspektivische Zeichnen, als Uccello noch Lehrjunge in der Werkstatt des Bildhauers Ghiberti war. Die Entdeckung basiert auf der Geometrie. Brunelleschi war Schüler des großen Florentiner Mathematikers Toscanelli und hatte auch in der Mathematik ein *»brevetto«* belegt. Um seine Theorie erklären zu können, bemalte er eine kleine Guckkastenplatte mit einer Ansicht des Baptisteriums vom Domportal. Der Betrachter sah durch ein Loch in einen Spiegel und nahm so den Fluchtpunkt des Bildes wahr. Dieser Apparat war ein Vorläufer der im 16. Jahrhundert entstandenen Camera obscura.

Zu Beginn der Renaissance übertraf in Florenz eine wissenschaftliche Sensation die andere. Donatello maß in Rom die Proportionen griechischer Statuen, während sich sein Freund Brunelleschi mit den Größenverhältnissen römischer Tempel beschäftigte. Kunst und Wissenschaft lagen damals dicht beieinander. Überall suchte man nach Proportionsregeln und stellte Tabellen aller Art auf. Toscanelli konstruierte im Jahr

1460 in der Kuppel des Doms einen großen Gnomon, um den Tag der Sommersonnenwende zu bestimmen, der dann als Anhaltspunkt für die Errechnung der beweglichen kleinen Feste diente. Die Sonnenstrahlen, die von dieser überdimensionalen Rechenmaschine, dem »edelsten astronomischen Instrument der Welt«, aufgefangen und ins Innere von Santa Maria del Fiore geleitet wurden, fielen fünfundachtzig Meter tief auf ein Zifferblatt aus Marmorfliesen im Fußboden der Apsis. Der Gnomon mit seinem Schattenfinger galt als Wunder und Schmuckstück zugleich, wie auch der Dom selbst, dessen Bau man als das schwierigste derartige Unternehmen seit der Antike ansah.

Der Gnomon und die Armillarsphäre, die als Ornamente zu beiden Seiten der Mittelfassade von Santa Maria Novella angebracht sind, gehören einer späteren Epoche an. Sie wurden vom Hofastronomen Cosimos I., dem Dominikanermönch Ignazio Danti, hergestellt. Lorenzo de'Medici besaß eine Uhr, auf der er nicht nur die Tageszeit, sondern auch den Stand der Sonne und der Planeten, die Sonnen- und Mondfinsternisse und die Tierkreiszeichen ablesen konnte. Die Florentiner besitzen eine Vorliebe für Astronomie und Optik. Die Laterne eines Kuppelbaus, auf die die Florentiner Architekten der Renaissance so viel Sorge verwandten, hieß *»oculus«*, das Auge der Kirche. Der Überlieferung nach war es ein Florentiner, der die Augengläser erfand – er hieß Salvino degli Armati –, und auch heute ist Florenz ein Herstellungszentrum für optisches Gerät. Die ebenso lehrreichen wie dekorativen Armillarsphären mit den Bahnen der Planeten wurden zur Zeit der Renaissance in Florenz sehr geschätzt. Das naturwissenschaftliche Museum besitzt eine sehenswerte Sammlung von Armillarsphären und optischen Instrumenten. Noch heute gibt es in Florenz drei Observatorien, und die Stadt kann sich rühmen, die erste Sonnenwarte der Welt erbaut zu haben.

Die Kunde von den Himmelskörpern verband in der Frühzeit der Renaissance das weitsichtige Bergvolk der Florentiner mit den großen Seefahrern jener Zeit. Toscanelli, bei dem Brunelleschi studierte, war auch der Lehrer des Kolumbus und des Königs von Portugal. – Dem Florentiner Künstler ermöglichten die neuentdeckten Gesetze der linearen Perspektive Forschungsreisen in einen fiktiven Raum, die nicht weniger großartig waren als jene Entdeckungsfahrten, die zur gleichen Zeit berühmte Seefahrer unternahmen. Viele Landschaftsbilder des Quattrocento, besonders die des Baldovinetti, haben den Charakter von Luftkarten. Die toskanischen Hügel sind nicht mehr kahl wie bei Giotto und seinen Nachfolgern, sondern sind mit Feldern bedeckt, deren Furchen man zählen kann. Diese kartenähnliche Anlage unterscheidet die Florentiner Landschaftsmalerei (Fra Angelico, Benozzo Gozzoli, Piero della Francesca) wesentlich von der idealisierenden Venezianer Kunst der späteren Zeit. Tatsächlich beschäftigten sich damals Künstler mit Landvermessung und Kartographie. Auch Leonardo hat als Landvermesser für Cesare Borgia gearbeitet. Seine Karten sind berühmt. Praktische Hilfsmittel zur Erreichung einer naturgetreuen Wiedergabe beschrieb der Architekt des Quattrocento, Leon Battista Alberti, in seiner kleinen Abhandlung »Della Pittura«. Er empfahl, einen dünnen Schleier oder ein Netz aufzuspannen, das den zu malenden Gegenstand in kleine Felder zerlegt. Leonardo und auch Dürer nahmen oft ein solches Netz zu Hilfe. Außer technischen Hinweisen gab Alberti Anleitungen zur Themenwahl, wobei die Antike die unerschöpfliche Fundgrube bildete: Zum Beispiel empfahl er als Thema den Tod des Meleager, die Opferung der Iphigenie, die Verleumdung des Apelles. Er riet, in jedem Gemälde einen »Kommentator« zu benutzen, eine Nebenfigur, die »uns mahnend und erklärend auf die Handlung hinweist«. – »Lebenswahr und vielfältig« sollten die Bilder sein, das heißt, jedes sollte möglichst viel enthalten, »Alte und Junge, Mädchen, Frauen, Burschen, kleine Knaben, Federvieh, kleine Hunde, Vögel, Pferde, Schafe, Gebäude, Landstriche . . . einige nackte Figuren sollten dabeisein und einige nur teilweise bekleidete. Man verletze jedoch nie das Gefühl der Scham und der Bescheidenheit. Die Teile des Körpers, die häßlich sind, und jene, deren Anblick nur wenig Freude bereitet, sollten mit Draperien, mit ein wenig Blattwerk oder der vorgehaltenen Hand verdeckt werden.«

Alberti war ein Adliger und stammte aus einem mächtigen Geschlecht, das Florenz feindlich gesinnt war und das Jahrhunderte vor Alberti seine Hochburg in Prato hatte. Er war ein Verfechter der Genauigkeit und eines maßvollen neoklassischen Stils, der sich mit dem Geist seiner Heimatstadt Florenz nicht vereinen ließ. Vergeblich bemühte er sich, die Regeln klassischer Bauweise in die Florentiner Architektur einzuführen: Florenz unterwarf sich keinem Lehrbuch und keiner Regel. Die Tyrannei der Form, die er aufrichten wollte, fand mehr Anklang bei den Regierenden in Mantua und Rimini – den Gonzaga und den Malatesta –, in deren Auftrag er sein eigentliches architektonisches Werk schuf. Als literarisch gebildeter Mann verfaßte er eine lateinische Komödie mit dem Titel »Philodoxius«, die er als ein Werk des römischen Dichters Lepidus ausgab.

Für die Maler jener Zeit war die neue raumerfassende Methode mehr als nur ein Hilfsmittel, das dazu diente, in einem Gemälde akademische Genauigkeit oder richtige Proportionen zu erreichen. Sie war ein großartiges, überwältigendes Wunder, ein Geheimnis, das fast etwas Gefährliches in sich barg. Für Uccello besaß sie den Reiz der Magie. Der Fluchtpunkt, auf den alle Linien eines Gemäldes zulaufen, als wollten sie sich selbst vernichten, übte denselben Zauber aus wie die unbekannte Küste, auf die Kolumbus zusegelte – der Rand der Welt, wie man damals glaubte. Der Fluchtpunkt kann, wenn man lange über ihn nachgrübelt, ein metaphysisches Schwindelgefühl hervorrufen; denn er ist genau der Punkt, an dem das Bild verschwinden müßte, ein Nullpunkt, der die festgefügten Formen und Gegenstände der Leinwand machtvoll anzieht, als wollte er sie einsaugen: Alte, Junge, Mädchen, Frauen, kleine Hunde, Gebäude, Landstriche – hinab in den Trichter seiner eigenen Nichtigkeit. Das bedeutet also, der eigentliche Dreh- und Stützpunkt, auf dem das Bild ruht, das ordnende Prinzip seiner sichtbaren Stabilität ist auch die Stelle, an der sich – im perspektivischen Sinne – das Bild in ein Nichts auflöst. Uccello, den die Perspektive so faszinierte, war der erste »moderne« Maler.

Er wurde als Paolo di Dono in Pratovecchio, dem Sitz der streitbaren Guidi, hoch im Casentino, geboren. Später erhielt er den Namen Uccello, »Vogel«, wegen der vielen Vögel und anderer Tiere auf seinen Gemälden. Vasari beschreibt ihn als »schüchternen Mann . . . einsam, wunderlich, melancholisch und arm«. Sein Haus war stets »voller gemalter Vögel, Katzen, Hunde und aller möglichen fremdartigen Tiere, von denen er sich Abbildungen verschaffen konnte; denn er war zu arm, um sich die lebenden Modelle halten zu können«. Wahrscheinlich haben ihn seine wissenschaftlichen Studien ruiniert. Wenn ihn schwierige, scheinbar unlösbare Probleme der Perspektive beschäftigten, pflegte er sich für Wochen oder Monate in seinem Hause einzuschließen und nicht zum Vorschein zu kommen. Zu seinen Freunden gehörte der Mathematiker Manetti, mit dem er gern über Euklid diskutierte. Der ebenfalls mit ihm befreundete Donatello behauptete, Uccello vergeude seine Zeit mit dem Zeichnen von *mazzocchi,* der eigenartig geformten Kopfbedeckung der Männer im Quattrocento, mit dem Projizieren von Punkten und Kugeln mit zweiundsiebzig Facetten, alles perspektivisch und unter verschiedenen Winkeln gesehen. – Im Alter war Uccello so wunderlich, daß er keine Aufträge mehr erhielt, völlig hilflos wurde und schließlich den Staat um Steuernachlaß bitten mußte. »Ich bin alt und mittellos«, hieß es in seiner Steuererklärung, »mein Weib ist krank, und ich bin nicht mehr zur Arbeit fähig.«

Brunelleschis Lehre von der Perspektive, die Masaccio angeregt hatte, Figuren und Szenen von monumentaler Größe zu schaffen, wirkte auf Uccello in völlig anderer Weise. Die Beschäftigung mit der Perspektive löste in ihm wilde Phantasien aus, etwa in der Form, daß sich der Fluchtpunkt als Zentrum eines Wirbelsturmes oder als Mittelpunkt eines Strudels darstellte, in den Gegenstände hineingerissen und von verborgenen Strömungen, die mathematischen Gesetzen gehorchten, bewegt wurden. In Uccello vereinten sich auf seltsame Weise zwei verschiedene Neigungen, eine mathematische und eine bildhaft beschreibend klassifizierende. Er gehörte zu jenen Künstlern, die sich ganz in die kleinsten botanischen oder zoologischen Einzelheiten versenken konnten. Er betrachtete die Menschheit wie durch ein Vergrößerungsglas, und sie war für ihn, was für andere Sammler ein Herbarium oder eine Insektensammlung ist.

Da er selber ein »seltsamer Vogel« war, fühlte er sich zum Ungewöhnlichen und zu den Abirrungen der Natur hingezogen. Kopfbedeckungen haben ihn anscheinend geradezu hypnotisiert; vor allem die *mazzocchi* hatten es ihm angetan. Sie gleichen aufgeblasenen Reifen oder Kopfschützern und wurden von den Männern als Gerüst für ein kunstvoll gewundenes Tuch getragen. – Wie sich eine Elster auf blanke Metalle stürzt, so reizten Uccello helle Bänder. Eine seiner bezauberndsten Arbeiten besteht aus einer Mosaikrosette aus verschlungenen Bändern in hellem Grün, Blau und Weiß an einem Gewölbe des Atriums von San Marco in Venedig. Die wunderbare Präzision der perspektivisch ausgeführten Rosette, die wie ein glitzernder Schneekristall über dem Betrachter schwebt, übt eine seltsam beschwingende Wirkung aus, einem Stern ähnlich, der mit seinem Erscheinen dem rückständigen Venedig die Geburt der Florentiner Renaissance ankündigt.

Uccellos Bilderzyklus »Die Schlacht von San Romano«, dessen lange Tafeln früher aneinandergereiht als ein einziges riesiges Bild das Schlafgemach des Lorenzo de' Medici im Palast Cosimos an der Via Cavour schmückten und der jetzt aufgeteilt ist (ein Teil hängt in den Uffizien, einer in der National Gallery in London und der dritte im Louvre), hat man oft mit der phantastischen Vorstellung eines Kindes von einer mittelalterlichen Schlacht verglichen, in der die Pferde Schaukelpferde und die behelmten Ritter Puppen sind. Diese Schlacht in einem magischen Wald aus Lanzen, Speeren, Trompeten, Armbrüsten, Hellebarden und wehenden Federbüschen hat etwas seltsam Unwirkliches: Mitten in die dramatischste Handlung mischt sich ein statischer Effekt, der die Ernsthaftigkeit all des Getümmels und Mordens in Frage stellt. Die gefallenen Pferde gleichen beschädigten Spielzeugtieren, und auf der Londoner Tafel erblickt man einen gefallenen Ritter, der im Grunde gar keiner ist, sondern nur eine leere Rüstung, die man zum alten Eisen warf. Auf dem Bild in den Uffizien, das den Kampf auf seinem Höhepunkt zeigt, reiten die meisten Ritter mit geschlossenem Visier, also gewissermaßen blind, in die Schlacht. Knaben blasen auf Trompeten, ein Pferd stampft im Vordergrund wild den Boden, ein glänzender Schimmel mit prächtig blauer Schabracke bäumt sich im Kampfe auf und will sichtlich dem Stoß des Gegners ausweichen. Die Waffen am Boden bilden ein buntes Gitter aus zerbrochenen Stangen und Lanzen. Blasende

Trompeter und Söldner mit Armbrüsten tragen erstarrte, tölpelhafte Mienen zur Schau. Lediglich das furchtsame Flakkern in den runden Augen der Spielzeugpferde verrät Leben. Auf einem Hügel im Hintergrund, der in einer anderen Welt zu liegen scheint, springen Hasen, Rehe und Jagdhunde zwischen Baumhecken umher. – Diese Bilder wirken nicht wie Gemälde, sondern wie Entwürfe für Wandteppiche mit Darstellungen von Kampfszenen.

Im Dom befindet sich Uccellos Reiterbild des Sir Hawkwood, des berühmten englischen *condottiere* und Anführers der Weißen Partei. Die Geschichte dieses Freskos wird häufig als Beispiel für den Florentiner Geiz zitiert. Hawkwood hatte im Dienste der Republik gekämpft, und die Stadt soll ihm ein Denkmal versprochen haben. Nach seinem Tode aber prellte man ihn, indem man statt eines richtigen Grabmals nur eine gemalte Imitation in Auftrag gab. Wahrscheinlicher ist jedoch, daß es ihre Abneigung gegen die Glorifizierung von Einzelpersonen war, die die Florentiner bewog, ihren Helden durch ein einfaches Bild zu ehren. Denn sie scheuten nicht die Kosten, das Gemälde von Agnolo Gaddi, einem Maler der auf Giotto folgenden spätgotischen Schule, durch ein Bild von Uccello ersetzen zu lassen, das den Eindruck eines dreidimensionalen Grabmals hervorruft. Uccello legte bei seiner Arbeit mehr Wert auf plastische Effekte als auf Porträtähnlichkeit. Hawkwood wirkt wie eine Schachfigur, während das Pferd, wahrscheinlich eine Kopie eines der großen Bronzerosse von San Marco in Venedig aus hellenistischer Zeit, sehr viel lebendiger dargestellt ist. Sehr augenfällig sind die zurückweichenden Diagonalen der Konsolen, auf denen der gemalte Marmorsarkophag ruht.

Nach Vasaris Schilderung hat man sich Uccello als einen Tierfreund vorzustellen, der abgesondert von der Umwelt seinen Studien lebte, umgeben von einem ganzen Zoo gemalter Tiere. Heute würde man sagen, er fand sich im Leben nicht zurecht. Das könnte auch die seltsame, bunte Marionettenwelt der »Schlacht von San Romano«, seines bekanntesten Werkes, und das leblose Hawkwood-Bild im Dom erklären. In Wirklichkeit aber waren die Schlachten der Renaissancezeit oft tatsächlich nur Scheinkämpfe zwischen gedungenen Söldnertruppen, und nur die Pferde gerieten dabei in Panik und erhielten schwere Wunden. Machiavelli, der sich darüber beklagte, gibt in seiner »Historie Fiorentine« eine genaue Beschreibung der Schlacht von Anghiari gegen Niccolò Piccinino und die Mailänder: Der »siegreiche« Kampf dauerte vier Stunden, während deren die Truppen auf einer Brücke in der Nähe von Borgo San Sepolcro hin und her wogten. Getötet wurde nur ein Mann, und zwar starb der »nicht an Schwertwunden oder auf sonstige ehrenvolle Art, sondern er fiel vom Pferde und wurde totgetrampelt«. Die Hauptbeute bestand aus Pferden, Fahnen und Wagen. Und dieser Schlachtverlauf bildet keineswegs eine Ausnahme. »Die Kämpfer waren kaum in Gefahr«, schreibt Machiavelli. »Fast alle waren beritten, gepanzert und ihres Lebens sicher, sobald sie sich ergaben. Es war nicht nötig, das Leben einzusetzen. Solange sie kämpften, schützte sie die Rüstung, und wenn sie nicht länger Widerstand leisten konnten, so ergaben sie sich und waren damit in Sicherheit.« Zur Zeit Dantes, als das Heer aus Bürgern bestand, trug man Kämpfe noch mit blutigem Ernst aus. Nach der Schlacht von Campaldino lagen 1700 Ghibellinenstreiter »blutend in den grünen Wäldern und Tälern des Casentino«, ganz in der Nähe des Ortes, in dem Uccello geboren wurde. Als der vierundzwanzigjährige Dante neben Corso Donati und Vieri de' Cerchi, den späteren Anführern der Schwarzen, kämpfte, empfand er nach seinen Worten »große Furcht und am Ende überwältigende Glückseligkeit«. Zu Uccellos Zeiten hingegen lieferten sich angeworbene

Truppen gefahrlose Schlachtenspiele und wurden obendrein noch dafür bezahlt. Nur das Land blutete, nur die Dörfer litten. Sobald die Söldnerhaufen aus ihrem Dienst entlassen waren, durchstreiften sie die Umgebung der Stadt, für die sie zuletzt gekämpft hatten, und raubten und brandschatzten, wo sie nur konnten. – Zu den wenigen Heerführern, die damals einen wirklichen Kriegertod starben, gehörte der Vater Cosimos, Giovanni delle Bande Nere. Er erhielt seinen Beinamen nachträglich, da seine Söldner aus Trauer über seinen Tod schwarze Rüstungen anlegten.

So bestätigten die Berichte Machiavellis jene Bilder, die uns Uccello hinterließ. Panoramen von Scheinkämpfen, bestehend aus lebendigen Bildern mit bizarren Requisiten und aufgeführt vor einer ländlich-friedlichen Kulisse. Was Machiavelli zum Historiker machte, war seine Fähigkeit, die Dinge stets »perspektivisch« zu sehen.

Unter den Auswirkungen größerer Kriege mit dem Ausland hatte Florenz kaum zu leiden, bevor es zu der großen Belagerung von 1530 kam, die endlich die Bevölkerung einte. Sie erwehrte sich mit großer Tapferkeit der Spanier, mußte dann aber aufgeben: Der Feind drang ein, die Republik wurde gestürzt. – Einige Jahrzehnte früher, im Jahre 1494, drang Karl VIII. von Frankreich mit seinen Truppen in die Stadt ein, zog sich aber, eingeschüchtert von der Haltung der Bürger, bald wieder zurück. Ein einziger Satz des Ratsherrn Piero Capponi bewirkte den Rückzug des königlichen Heeres: Als der Florentiner Abgesandte auf das Ultimatum, das der Stadt gestellt war, nicht einging, rief der König drohend aus: »Dann werden wir die Trompeten blasen lassen!« – »Wenn ihr eure Trompeten blast, werden wir unsere Glocken läuten!« erwiderte Capponi gelassen. Karl, der Florenz und die Florentiner kannte – die düsteren, festungsähnlichen Steinpaläste und die Bewohner, die zu allem entschlossen waren und schon begannen, seine Soldaten zu steinigen –, Karl wußte, was dies bedeutete: Ganz Florenz würde schlagartig auf den Barrikaden sein. Karl fürchtete sich vor einer Schlacht in diesen Straßen, auf denen schon so viele Kämpfe getobt hatten. Er gab nach, und Capponis mutiges Wort kann noch immer als Warnung für alle gelten, die ein republikanisches Gemeinwesen bedrohen; es ist die Glocke, die dem Kriegsruf der Trompete antwortet und das Volk vereint. Als die Medici-Dynastie die Macht an sich riß, zersprang in Florenz die Glocke. Keine Niederlage im Felde bereitete den Florentinern so viel Unglück wie die eigenen innerstädtischen Mißgeschicke. Von jeher war die am Arno zwischen der Mündung des Mugnone und des Mensola gelegene Stadt vom Wasser bedroht. Im Sommer nichts anderes als ein trockenes, steiniges Flußbett, in dessen Mitte ein flacher, schmutzig-grüner Wasserlauf träge dahinfließt, kann man sich heute vom Arno kaum vorstellen, daß er Florenz seit den Zeiten des Tiberius wiederholt schreckliche Flutkatastrophen bescherte. Das Hochwasser im Jahre 1333 war nur eines der vielen, von denen Villani berichtet. Das ganze 13. Jahrhundert hindurch hat es immer wieder Überschwemmungen gegeben. 1269 wurden die Carraia- und die Trinità-Brücke fortgerissen, und man wundert sich kaum, daß Villani die Gründung der Stadt auf Noah zurückführt. Viele Florentiner nahmen solche Katastrophen als Strafen hin. Sie glaubten, der über die Ufer getretene Fluß sei Gottes Antwort auf den hochfahrenden Bürgerstolz. Das im Jahre 1178 war nicht das einzige Unglück, das Florenz damals heimsuchte: Zwei Feuersbrünste verwüsteten die Stadt, und in der ganzen Toskana herrschte Hungersnot. Jahre vorher hatte der Florentiner Bischof Ranieri nach dem Auftauchen eines Kometen den Weltuntergang vorausgesagt. Naturerscheinungen wurden im Mittelalter apokalyptisch erlebt, und die Zahl der Prophezeiungen stieg ins Unermeßliche.

Im Jahre 1304 ereignete sich in Florenz wiederum ein »Göttergericht«. Auf einer auf dem Fluß schwimmenden Bühne führte man ein Schauspiel auf, zu dem die Carraia-Brücke als Tribüne diente. Gezeigt wurde das Höllenfeuer mit den um Gnade schreienden nackten Seelen, mit Teufeln und anderen Höllenwesen. Unter der Last der großen Zuschauermenge brach die Brücke zusammen, und wahrscheinlich ertranken alle, die sich auf ihr befanden. Daraufhin hieß es in Florenz, die Menschen hätten bekommen, wonach sie verlangten.

Fast zweihundert Jahre später war es Savonarola, der seine Zuhörer im Dom mit einer Reihe sehr realistisch ausgemalter Predigten über die Sintflut in Schrecken versetzte. Der Plato-Anhänger und Dichter Pico della Mirandola berichtet von einer Predigt Savonarolas, die er am 21. September 1494 hörte. Sie begann mit der Bibelstelle: »Denn siehe, ich will eine Sintflut mit Wasser kommen lassen auf Erden.« Savonarola rief die Worte, kaum daß er auf der Kanzel stand, laut, mit furchtbarer Stimme wie Donnergrollen; Pico erschauerte, und seine Haare standen zu Berge. Am selben Tag drang die Kunde nach Florenz, daß fremde Truppen im Begriff seien, Italien zu überschwemmen. Es war das Heer Karls VIII. von Frankreich.

Uccellos größtes, für den Grünen Kreuzgang von Santa Maria Novella geschaffenes Werk hat die Sintflut zum Thema. Es wurde vor einigen Jahren restauriert und im alten Fort Belvedere ausgestellt. Unweigerlich wird man von diesem Fresko gepackt. Szenen aus der Umwelt und der Erfahrung des Malers kreisen um ein biblisches Ereignis aus grauer Vorzeit, prophetisch und von visionärer Gewalt. Es ist das Bild eines Strafgerichtes, wie es sich nur Florentiner – von Dante bis Michelangelo – vorstellen konnten. Verstärkt wird die Wirkung durch eine genaue, gleichsam dokumentarische und technisch vollkommene Darstellung des Geschehens, ähnlich wie Dantes Höllenschilderung durch die gewissenhaften geographischen und geologischen Angaben noch erregender wird. Dante »erforschte« die Hölle und fand sie voller Florentiner, und ebensowenig scheute sich Michelangelo, seine Mitbürger an den grausigen Ort zu versetzen. Als ein Prälat die nackten Figuren im »Jüngsten Gericht« kritisierte, malte er den Geistlichen flugs in das Fresko hinein, und zwar in die Hölle, mit Hörnern am Kopf und einer Schlange um die Lenden. Als sich der Prälat bei Papst Paul III. darüber beschwerte, entgegnete der: »Wenn Euch der Maler ins Fegefeuer schickte, so müßte ich keine Mühe scheuen, Euch daraus zu erretten, aber in der Hölle habe ich keine Gewalt; *ubi nulla est redemptio.*« Für die Florentiner war die Hölle so nah wie der Bargello. So kann auch Uccellos Sintflut gewissermaßen als ein naturalistisches Bild eines biblischen Ereignisses gelten, das zweifellos nach dem Leben, dem Leben in Florenz, entstand.

Das Bild gliedert sich in zwei Teile, die beide die hölzerne Arche in perspektivischer Ansicht zeigen. Auf der linken Hälfte treibt der riesige Kasten auf dem Wasser, verzweifelte Lebewesen klammern sich an ihn. Rechts liegt er ruhig auf dem Lande, die Flut ist vorüber. Beide Bildhälften haben anscheinend einen gemeinsamen Fluchtpunkt, und es gibt keine sichtbare Trennungslinie zwischen rechts und links, also zwischen dem Geschehen während und nach der großen Flut. Die so erreichte Zusammenfassung der Zeit in einen einzigen Moment trägt zu der Geschlossenheit bei, die den formalen Bildeindruck bestimmt. Gott ist von diesem Schauspiel ausgeschlossen. Ein düsteres Licht liegt über der Szene, und der Mensch, der das Heil – die Arche – nicht erreicht, offenbart seine Verdammnis nicht für einen Augenblick, sondern für alle Ewigkeit. Zwischen den beiden Archen treiben Tote, und einem ertrunkenen Knaben pickt eine Krähe die Augen aus. Während links ein nackter Mann auf einem schwimmenden Pferd sein Schwert gegen einen schönen blonden Jüngling erhebt, dessen *mazzocchio* über den Kopf rutschte und sich wie eine schwarz-weiße Schlange um den Hals legt, hat sich ein muskulöser nackter Rohling in ein Faß gerettet. Eine andere nackte Gestalt auf einem Floß wehrt sich mit der Keule gegen einen Bären. Der Blitz fährt in eine Eiche, und im Vordergrund preßt sich ein Mann in nassen Kleidern flach an die Wand der rettenden Arche und schaut heimlich, wie jemand, der sich versteckt, auf seine Leidensgefährten im Wasser.

Ganz allein, auf einer kleinen trockenen Insel, steht eine bartlose, aristokratisch anmutende Männergestalt, die eine Hand zum Gebet erhoben. Die geraden Falten des Gewandes und die edel geformten Bogen seiner Brauen drücken gelassene Sicherheit aus. Er ist der Felsen, an dem die Flut sich bricht, ohne daß sie seine erhabene Ruhe stört. Zwei Hände, die sich aus dem Wasser recken, umklammern seine Fußgelenke, der Bursche in dem Faß starrt gebannt auf ihn; doch der ernste Mann wendet seinen Adlerblick nicht von dem fernen Licht, in dessen Widerschein er steht. Wie zufällig vollführt über seinem Haupt – als Teil der zweiten Szene – die ausgestreckte Hand des bärtigen Patriarchen Noah, der aus dem Archenfenster nach dem Wetter schaut, eine segnende Bewegung. Niemand vermag genau zu sagen, wer diese geheimnisvolle Gestalt ist. Die meisten Kunstkenner glauben, es sei Noah im blühenden Mannesalter, als er die Archenfahrt vorbereitete. Andere weisen jedoch darauf hin, daß er dem bärtigen Noah am Archenfenster und den Noahgestalten auf anderen Fresken des Zyklus nicht ähnlich sieht. Aber wenn er nicht Noah ist, wer sollte es dann sein? Vielleicht ein Sohn Noahs? Doch der Mann ähnelt auch keinem der Söhne aus dem Fresko »Noahs Trunkenheit«, und seine überlegene

Würde schließt auch den Gedanken aus, daß er der Herrscher eines großen Volkes ist. Wahrscheinlich handelt es sich hier doch um Noah, den legendären Vorfahr der Italiener, von dem es auch an Giottos Campanile ein Relief gibt. Vielleicht stellt der bärtige Noah nur den Patriarchen dar, der alt geworden und durch den Bau der Arche geheiligt ist, während ihn die Figur auf der kleinen Insel auf der Höhe seiner Kraft zeigt, als einen der Gewaltigen der Erde und Stammvater der Menschheit, von denen im Ersten Buch Moses die Rede ist. Das Auge und die schöne gebogene Nase lassen beide Noah-Gestalten verwandt erscheinen. Auf jeden Fall ist das Modell des Geheimnisvollen ein Florentiner, der Prototyp des Florentiners »che discese di Fiesole ab antico e tiene ancor del monte e del macigno« (»Inferno« XV, 61), »von Fiesole vor alters schon verschlagen, den Berg und Felsgesteine noch im Blut«.

Uccello malte eine ganze Reihe Fresken für den Grünen Kreuzgang, der seinen Namen nach der *terra verde,* einem von dem Künstler bevorzugten grünlichen Bindemittel für Freskofarben erhielt.

Er malte eine »Erschaffung des Menschen und der Tiere«, eine »Erschaffung Evas«, einen »Sündenfall«, »Die Sintflut«, »Noahs Opfer« und »Noahs Trunkenheit«. Alle Gemälde, außer der »Sintflut«, sind unglücklicherweise stark beschädigt, so daß nur einzelne Figuren, Noahs Söhne, die Lamia (die weibliche Schlange) sowie eine verblüffend wirkende Darstellung Gottvaters, in perspektivischer Verkürzung gezeichnet, halbwegs deutlich zu erkennen sind. In Florenz blieb außerdem die schöne Uhr mit dem Kreis der Prophetenköpfe erhalten, die Paolo für die innere Vorderwand des Domes malte. In ihr verbinden sich Wissen und Prophetentum, das Verkünden der Zeit und die Vorausschau – ein sinnfälliges Wappenbild für die Florentiner Wesensart. Ganze

Prophetenreihen – Habakuk, Jeremias, Obadja, Moses –, von Uccellos Freund Donatello und anderen Meistern geschaffen, standen übrigens einst in den Nischen des Campanile.

Es ist ein merkwürdiger Zufall, daß Milton in seinem »Verlorenen Paradies«, einem Buch, das den großen florentinischen Mythen nahekommt, bei der berühmten Beschreibung Satans dreimal Florenz oder Hügel und Täler aus seiner Umgebung nennt. So vergleicht er Satans Schild mit dem Mond, den der toskanische Künstler vom Valdarno oder von Fiesole aus beobachtet, und gleich darauf erwähnt er Vallombrosa im Zusammenhang mit Satans Legionen. Vallombrosa, in der Nähe vom Consuma-Paß, ist ein schattiger Wald mit Buchen, Eichen, Kastanien und Föhren hoch oben in den Bergen, wohin heute die Florentiner fahren, um Canasta zu spielen. Einst hielten sich hier mit Vorliebe Eremiten auf, und hier gründete auch San Giovanni Gualberto den Vallombrosanerorden. Miltons Valdarno ist das Arnotal, und sein toskanischer Künstler ist niemand anders als Galileo. Für Milton war der Astronom mit dem Fernrohr noch ein Künstler, und oft genug war früher beides in einer Person vereint: Kopernikus war ausgebildeter Maler, ebenso Fra Ignazio Danti, der Dominikanermönch aus Perugia, der bei Cosimo I. Hofastronom war und die Armillarsphäre für Santa Maria Novella schuf. Von ihm und von einem anderen Frater befinden sich im Palazzo Vecchio dreiundfünfzig bezaubernd kolorierte Landkarten.

Wissenschaft, Zauberei, Kunst und Inspiration gingen in der Renaissance seltsam ineinander über. Hier vollzog sich – und zwar auf fast allen Gebieten zugleich – eine Umwälzung, die in den folgenden Jahrhunderten nicht ihresgleichen hatte, bis die französischen Impressionisten mit ihren Theorien über das Licht eine Revolution in der Malerei auslösten, die den Neuentdeckungen auf physikalischem und mathematischem Gebiet durchaus ebenbürtig war. Die Experimente Cézannes und der Kubisten gingen auf die Geometrie zurück und zerlegten die sichtbare Welt in Kugeln, Rechtecke, Würfel und Kegel. Picassos spätere Versuche, einen Kopf von allen Seiten zugleich zu malen, also Zeit und Raum in eine Dimension zu bringen, ähneln den Bemühungen Uccellos und Piero della Francescas, räumliche Gegenstände von mehreren Seiten darzustellen. Die Geigen, Gefäße, Flaschen und Zeitungsfragmente, die in den kubistischen Werken von Juan Gris, Braque und Picasso eine große Rolle spielten, sind Gegenstücke zu den *mazzocchi,* den Bändern, Rüstungen und Lanzen, die Uccello so fesselten. In beiden Fällen tritt durch die Aufnahme solcher Elemente ins Bild eine Entfremdung ein; die Dinge aus dem Alltagsleben werden zu Kuriositäten. Der Surrealismus ging hierin sogar noch einen Schritt weiter – bis zur Magie und zum psychischen Automatismus.

Der Raum mit seiner Tiefendimension war für die analytisch veranlagten Florentiner ein schwieriges Problem. Die Venezianer hatten von den Florentinern die illusionistische Malerei gelernt und faßten sie als Spiel auf – als ein Spiel, das sie jahrhundertelang weitertrieben, ohne darin zu ermüden. Wieder und immer wieder ahmten sie auf ihren Bildern Marmor, Brokat und Architekturteile so geschickt nach, daß man sie für echt halten konnte.

Nach dem denkmalähnlichen Hawkwood-Bild wurden in Florenz noch drei weitere ausgeführt; eines zu Ehren des Söldnerfürsten Niccolò da Tolentino von Andrea del Castagno – es befindet sich neben dem Scheinmonument von Uccello im Dom – und zwei weniger interessante an der gegenüberliegenden Domwand. Damit ließen es die Florentiner Renaissancemaler der übertriebenen Perspektive und Fiktionen genug sein. Die öffentlichen Bauten, die Kirchen und

Wohngebäude von Florenz waren in ihrer Realität zu übermächtig, als daß sie den Hintergrund für illusionistische Kunstspiele abgeben konnten.

Ein Staat, der auf Gemälden ruht, ist nach Ansicht eines modernen Historikers eine wackelige Angelegenheit. Staatsmalerei in diesem Sinne gab es in der Geschichte von Florenz auch erst nach dem Sturz der Republik, als Vasari bei Cosimo I. Hofmaler wurde. In den letzten Tagen der Republik erhielten zwar Leonardo und Michelangelo den Auftrag, in der großen Halle des Palazzo Vecchio Fresken wilder Kampfszenen zu malen; aber seltsamerweise wurde keines dieser Fresken jemals vollendet. Vorher hatte man sich in Florenz nur der Bildhauerei und der Baukunst bedient, um die Macht der Republik zu festigen. So sind die Uffizien nur eine Bildergalerie, mögen manche der enthaltenen Werke auch noch so hervorragend sein, während der Bargello und das Dom-Museum einfach Florenz sind. Die weltliche Malerei, die sich hier während der Renaissancezeit unter dem Einfluß der Sammler entwickelte, wurde immer persönlicher, immer rätselhafter, während die geistliche Malerei – angefangen mit Fra Filippo Lippi und fortgesetzt mit Ghirlandajo und seiner Werkstatt – in eine Art Genremalerei ausartete: Man malte Studien von Interieurs, Kleidern, Möbeln, örtlichen Sitten. Diejenigen Maler, die sich dieser Tendenz entgegenstellten (und im ganzen gesehen waren sie noch die besten), begannen, ihre Kunst wie ein geheimes Gewerbe auszuüben, wie Alchimie, halb auf Wissenschaft und halb auf Zauberei beruhend. Das Bild als solches, ein gemaltes Porträt zum Beispiel, birgt schon ein wenig Hexerei in sich. Im Gegensatz zu der Statue, die aus einer Säule oder einem massiven Baumstamm entstand, ist das Gemälde eine bloße Erdichtung, ein täuschendes, hauchdünnes Abbild des Realen. Die Florentiner Malerei ist seit früher Zeit auf der Suche nach Stabilität gewesen, daher auch der

Pfeiler in der Mitte vieler »Verkündigungen«, der zwischen dem Erzengel Gabriel und der Jungfrau das Bild gliedert und seine Komposition festigen und stützen soll. Die zumeist sehr alten, wundertätigen Bildnistafeln der Jungfrau Maria, von denen man viele dem heiligen Lukas zuschreibt, sind in den italienischen Kirchen gewöhnlich verschleiert und werden nur an besonderen Festtagen gezeigt. Das geschieht augenscheinlich der starken Wunderkraft wegen, die sie besitzen sollen. Das Fresko der Verkündigung in der Kirche Santissima Annunziata in Florenz, das in ganz Italien wegen seiner Heilkraft berühmt ist, wird in einem kleinen, von Michelozzo entworfenen Marmortempel beherbergt. Das Bildnis ist mit einer Silberscheibe abgedeckt und mit einem kostbaren Vorhang verhüllt, der nur einmal im Jahr, zum Fest der Verkündigung, entfernt wird. Man glaubt von diesem Bild, wie von den meisten wundertätigen Ikonen, daß es eine übernatürliche Macht geschaffen habe. Im 13. Jahrhundert sei ein Mönch mit der Aufgabe betraut worden, ein Fresko der Verkündigung zu malen, und als sein Werk bis auf den Kopf der Madonna fertig gewesen sei, habe den Mönch ein tiefer Schlaf überfallen; ein Engel habe währenddessen den Kopf gemalt. Mit anderen Worten: Keine irdische Macht hätte das Bildnis so treffen können, und die Art, wie es verhüllt wird, läßt an ein Tabu denken, denn als Schutz hätte wohl auch eine Glasscheibe genügt. Auch das bemalte Kruzifix in der Kirche Santa Trinità, von dem sich der Erlöser zu San Giovanni Gualberto geneigt hat, ist verdeckt, und zwar von einem neuen Gemälde, das den Hergang der Legende erzählt. Nur am Karfreitag wird das alte Bild darunter enthüllt.

Gemalte Bildnisse spielten bei Beschwörungen eine große Rolle. Eine Fahne mit dem Bild der heiligen Agatha, die jetzt im Dom-Museum aufbewahrt wird, wurde stets am Namensfest der Heiligen durch die Straßen getragen. Das sollte die

Stadt ein Jahr lang vor Feuersgefahr schützen. Die riesigen Christophorusfiguren, die man an den Wänden so vieler alter italienischer Kirchen findet, sollten jegliche Gefahr fernhalten und besonders Reisende behüten.

Oft glaubt man, eine Wechselwirkung zwischen dem Gemälde und dem Betrachter feststellen zu können: Der Betrachter spürt beim Anschauen des Bildnisses nach einiger Zeit, wie auch das Gemälde seinerseits ihn fixiert und mit seinem starren Blick durchbohrt. Eine Porträtgalerie wird so zu einer Galerie mit lauter Augen. Gewisse Bilder haben Augen, die sich zu bewegen und dem Betrachter zu folgen scheinen. Um eine Plastik kann er herumgehen und ausweichen, doch das Bild hält ihn mit dem Blick fest. Ein Bild als unabwendbares Schicksal ist auch das Thema in Oscar Wildes Roman »Das Bildnis des Dorian Gray«, der Geschichte eines diabolischen Paktes. – Etwas von dieser Wechselbeziehung kommt ebenfalls in der Bemerkung eines Florentiners zum Ausdruck, der kürzlich sagte, die Bilder in den Uffizien seien häßlich geworden, weil sie dauernd so viele häßliche Leute anschauen müßten.

Die Malerei mit ihren kleinen Täuschungsmanövern konnte sich Themen unterwerfen, die für den Bildhauer verbotenes Gelände waren: Träume und Visionen, die Wirklichkeit unter einem sinnestäuschenden, ungreifbaren Aspekt. Derlei Themen waren in Florenz wie in der ganzen Toskana besonders beliebt. Man hielt sich bei der Freskenmalerei hauptsächlich an die Legenda Aurea des Jacobus von Voragine und an das Leben des heiligen Franziskus, und es gibt in beiden Historien viele Träume und Visionen, die sehr bekannt geworden sind: der Traum Konstantins, Papst Silvesters Traum, der Traum des Kaisers Heraklios, der Traum des Papstes Honorius III., die Stigmatisierung des heiligen Franziskus (wobei der Heiland als geflügeltes Wesen oder kleiner, halbmenschlicher Vogel in der Luft auftaucht), die Vision des Bruders Augustinus. Aus der Bibel stammt Joachims Traum und die Vision des heiligen Johannes auf Patmos. In den Kapellen von Santa Croce, in der hochgelegenen Kirche von Assisi, in der Arena-Kapelle zu Padua, im Chor von San Francesco in Arezzo haben die Florentiner Freskenmaler von Giotto über Taddeo, Agnolo Gaddi und Maso di Banco bis Piero della Francesca die geisterhaften Erscheinungen an die Wände gebannt, die bei Tage wie bei Nacht mit Botschaften aus dem Jenseits und Voraussagen künftiger Ereignisse durch die Tore des Bewußtseins gedrungen sind. Das Franziskanertum mit seinen neuen Impulsen, Inspirationen und seinem Evangelium unirdischer Freude war die Macht, die hinter diesen Bilderzyklen stand. Man findet solche Darstellungen auch fast ausschließlich in Franziskanerkirchen. Sie gehören mit zu den schönsten Bildern der toskanischen Freskenmalerei, diese seltsam bewegenden »Träume«, in denen zum Beispiel der schlafende Papst Tiara und Chorrock trägt (Giotto), und sie erinnern an Nachtszenen in Shakespeare-Stücken (Brutus im Zelt; Desdemona, die sich für die Nacht vorbereitete), deren Stille und Einsamkeit von Vorahnungen erfüllt sind.

Fra Angelico kam aus der religiösen Reformbewegung in der Toskana, und Vasari hielt ihn für göttlich inspiriert, weil er wie ein Engel malte, ohne sich der üblichen Kunstgriffe zu bedienen. Man glaubte jedoch zu jener Zeit nicht nur an göttliche Inspiration beim Malen, sondern auch an das Gegenteil, an Teufelei, die in vielen Bildnissen stecken sollte. Machiavelli erzählt eine grausige Geschichte von einem gewissen Zanobi del Pinto, Gouverneur von Galatea, der die Festung widerstandslos in die Hände des Feindes spielte. Der gegnerische Kommandant, Agnolo della Pergola, überließ den Gouverneur seinen Wächtern, die ihm ihre Verachtung zeigten, indem sie ihm an Stelle der Nahrung mit Schlangen bemaltes Papier gaben. Die Schlangen, so spotteten sie, würden aus dem Guelfen einen Ghibellinen machen. »An dieser Fastenkur«, schrieb Machiavelli, »starb er in wenigen Tagen.« Die Falschheit des Verräters wurde hier auf grausamste Weise doppelt parodiert, einmal mit der Schlange, dem Symbol der Heuchelei, zum zweiten mit dem bemalten Papier, denn hinter jeder bemalten Oberfläche steckt zutiefst ein heuchlerisches Prinzip.

Der Brauch, Bildnisse von Verbrechern an die Außenwand des Gefängnisses zu malen, ist hier schon erwähnt worden. Vasari erzählt, daß nach der Pazzi-Verschwörung Andrea del Castagno auf Staatskosten Konterfeie der Verschwörer an die Wände des Bargello malen mußte. Er habe sie an den Füßen aufgehängt dargestellt, »in den seltsamsten Haltungen, die alle voneinander verschieden und außerordentlich gelungen waren«. Das Werk wurde ein »vollkommenes Wunder« genannt und von jedermann wegen seiner künstlerischen und wirklichkeitsgetreuen Qualitäten gelobt, so daß man Andrea, auch späterhin, »Andrea degli Impiccati« (Andrea von den Gehängten) nannte. – Gleichzeitig, doch zum entgegengesetzten Zweck, ließ man von dem berühmten Wachsmodellierer Orsini in Zusammenarbeit mit Verrocchio drei lebensgroße Wachsfiguren des bedrohten Lorenzo de' Medici herstellen, deren jede in einer anderen Kirche von Florenz auf dem Altar niedergelegt wurde. – Der Vorstellung, daß der Maler eine Art Kumpan des Henkers sei, gab Leonardo weitere Nahrung; er wohnte mit Vorliebe Hinrichtungen bei, vielleicht um die Muskelverzerrungen der Gehängten zu studieren.

Vasaris Erzählung stimmt nicht ganz. In Wirklichkeit war es Botticelli, der die Verschwörer an die Bargellomauer malte, um sie hier einer nachträglichen Strafe preiszugeben. Die

Leiche des Jacopo de' Pazzi, eines verhältnismäßig unschuldigen Mitverschwörers, hatte man schon nackt durch die Straßen geschleift, in eine Grube geworfen, wieder ausgegraben und schließlich mit einem Strick um den Hals in den Arno geschleudert, als würde sich die Erde weigern, ihn aufzunehmen. Andrea del Castagno war um diese Zeit schon tot, doch hatte er zu Ehren von Cosimos Rückkehr aus dem Exil ein paar andere Gehenkte, Angehörige der Albizzi-Fraktion, gemalt.

Die unheimliche, oft sehr boshafte Lebensechtheit seiner Bilder trug Andrea del Castagno, zumindest nach seinem Tode, den Ruf eines Teufels ein. Er hatte ein wunderbar sprechendes Bildnis des Judas in dem dramatischen »Letzten Abendmahl« im Refektorium von Sant'Apollonia gemalt, und Vasari behauptet, Andrea habe diesem Judas ähnlich gesehen und auch die genügende Falschheit besessen. Nach Vasaris Darstellung hat er den Maler Domenico Veneziano, von dem er die Ölmalerei erlernt hatte, aus Neid ermordet. Auch diese Geschichte kann nicht stimmen, weil Domenico Veneziano vier Jahre länger gelebt hat als Andrea; aber das Entscheidende ist, daß Vasari und seine Leser sie glaubhaft fanden, so glaubhaft, daß die Geistlichen von Santissima Annunziata hundert Jahre nach Andreas Tod als nachträgliche Vergeltungsmaßnahme einige seiner Fresken übertünchen ließen. Andrea war bäuerlicher Herkunft und stammte aus einem abgelegenen Dorf in den Bergen. Daher vielleicht die etwas wilden und rohen Züge in seinem Werk, die drohende, düstere, fast brutale Vitalität, die wirklich auf einen verbrecherischen Charakter schließen läßt, auf einen unerbittlichen Anhänger der Vendetta oder einen Mann, der um des Besitzes willen mordet.

Jedenfalls verbindet die Tatsache, daß die Zusammensetzung der Ölfarben ein behütetes Geheimnis war, um dessentwillen Menschen morden konnten, die Malerei noch enger mit der Hexerei. Es gibt noch heute allerlei einander widersprechende Berichte darüber, wie die Ölmalerei nach Italien gekommen ist und dort verbreitet wurde. In manchen naiven Darstellungen scheint es, als sei hier ein magisches Gebräu oder Hexentränklein im Spiel gewesen, das den Gemälden etwas Faszinierendes verliehen habe. Maler wurden in die Gilde der Speziali, der damaligen Pharmazeuten, aufgenommen, weil sie wie Apotheker nach geheimen Rezepten aus importierten »Spezereien« Pülverchen mischten. Schließlich wurde mit der Entdeckung der Perspektive die Malerei von den Laien vollends zur Schwarzen Kunst erklärt; denn nun spielten auch noch Zahlen und Formeln eine Rolle, und das war für die leicht erregbaren Florentiner zuviel.

Genies wie Uccello und Piero della Francesca, die sich ganz in Perspektivestudien versenkten, vernachlässigten ihr Werk um dieser Fata Morgana willen. Piero, der in Florenz bei Domenico Veneziano gelernt hatte, widmete seine späteren Lebensjahre ganz und gar der Ausarbeitung mathematischer Abhandlungen. Wie Uccello starb auch er einsam und arm – in der kleinen Stadt Borgo San Sepolcro, wo er geboren worden war. Auch ihm hatten es die *mazzocchi* angetan, die Kelche, Schalen und Kegel. Ein Geheimnis haftet einem seiner eindrucksvollsten Werke an, der »Geißelung Christi« in Urbino; man konnte es genausowenig erklären wie die Identität des mysteriösen Mannes in Uccellos »Sintflut«. Weit im Hintergrund des Bildes wird Christus im Beisein eines unbeteiligten Hohenpriesters von drei Soldaten gepeitscht. Den Rahmen für diese Szene bildet ein klassisches Bauwerk, vor dem ganz im Vordergrund drei Gestalten in zeitgenössischer Kleidung stehen – ein bärtiger Mann, ein Jüngling und ein Kahlköpfiger –, die sich unterhalten und der Geißelungsszene den Rücken zukehren. Christus ist weit weg und unwirklich – sie sind sehr nahe, groß und fast gefährlich real. Wer sind die drei, und was sollten sie ursprünglich aussagen? Niemand weiß es. Manche behaupten, es sei der Herzog Oddantonio von Urbino, der 1444 ermordet wurde, mit seinen verräterischen Ministern. Wenn das stimmt, so wäre das Bild ein weiteres Denkmal der Niedertracht, wie die aufgehängten Verbrecher an der Bargellomauer. Aber es gibt für das Geißelungsbild noch andere Erklärungen, wenn auch keine überzeugend klingt. Die Malerei wurde allmählich zu einer Geheimsprache.

Was sich im 15. Jahrhundert, dem Zeitalter der Entdekkungen, in der Florentiner Malerei ereignete, hatte den Charakter eines teils prometheischen, teils faustischen Mythos. Seit den alten Griechen hatte es kein so forschungsfreudiges Volk gegeben wie die Florentiner, und der Preis dieser Forschung war hoch. Fortwährende Experimente auf politischem Gebiet hatten wie in Athen den Zusammenbruch der Regierung zur Folge gehabt, und das künstlerische Experimentieren hatte angefangen, die Künstler zu verwirren. »Ah, Paolo«, soll Donatello vorwurfsvoll gesagt haben, »deine Perspektive macht, daß du das Sichere aufgibst um des Ungewissen willen.« Mit den Fortschritten der Wissenschaft wuchsen auch die Zweifel. Man entdeckte, daß man mit einem geschickten Kunstgriff eine glatte Fläche gewölbt erscheinen lassen konnte. Paradoxerweise wurde zur gleichen Zeit wissenschaftlich bewiesen, daß die Erde, die flach erscheint, in Wirklichkeit rund ist. Der ganze Komplex der Beziehungen zwischen Erscheinungsform und Wirklichkeit war noch ungeordnet, vieles daran noch ungeklärt. Der »ungläubige Thomas«, der gewöhnlich, zum Beispiel in Venedig, als Mann in mittleren Jahren dargestellt wird, war in Florenz eine Art Idealbild, ein bezaubernd schöner Jüngling, der hübscheste aller Jünger, wie er mit zurückgelegtem Kopf, das

Kinn auf die Hand gestützt, an der Tafel des »Letzten Abendmahls« von Andrea del Castagno sitzt oder als Plastik von Verrocchio mit zierlichen Locken, den schlanken, sandalenbekleideten Fuß ausgestreckt, an der Kirche Orsanmichele steht.

Eine Anekdote aus jener Zeit, genannt »Il Grasso Legnaiuolo«, kennzeichnet den Florentiner Intellektualismus. Es ist die Geschichte einer *beffa,* eines Scherzes, den sich Brunelleschi und seine Freunde mit einem dicken Holzhandwerker *(grasso legnaiuolo)* erlaubten. Der Dicke hatte sie beleidigt, weil er nicht zu einem Mahl erschienen war, zu dem sie ihn erwartet hatten. Sie beschließen also, dem Holzschnitzer einzureden, daß er nicht existiere, ihn also seiner Identität zu entkleiden, indem sie ihn einmal nicht wiedererkennen und ihm zum anderen klarmachen, daß es zwar einen *»il Grasso«* gibt (der zu sein er behauptet), daß *er* es aber nicht ist. Er ist in Wirklichkeit, wie sie ihm überzeugend beibringen, niemand, ein Nichts, ein bloßes verworrenes Stück Bewußtsein, das glaubt, es sei ein dicker Holzschnitzer. Die Geschichte erreicht ihren Höhepunkt, als der zitternde fette Mann sich nicht nach Hause wagt aus Furcht, daß »er«, also er selbst, dort sein könnte. »Wenn er dort ist«, sagt er zu sich selbst mit einer Mischung von Schlauheit und Grausen, »was soll *ich* dann tun?« Diese Selbstentäußerung wird als eine wahre Begebenheit geschildert, die einem gewissen Manetti degli Ammannatini widerfahren sei. Weil er nicht damit fertig werden konnte, wanderte er nach Ungarn aus, wo er seine Tage beschloß. – Der wahre Held der Geschichte ist allerdings das Genie Brunelleschi. Er, der zum erstenmal den Fluchtpunkt – den »Verschwindepunkt« – errechnet hat, brachte es fertig, einen massiven Mann verschwinden zu lassen oder ihn glauben zu machen, daß er verschwunden sei wie ein Ball in der Hand eines Zauberkünstlers.

Der Hang der Florentiner Maler zur Exzentrizität, zu sonderbaren, geheimnisvollen Gewohnheiten taucht wieder auf bei Piero di Cosimo, der um die Zeit Savonarolas als Maler von Drachen und anderen greulichen Ungeheuern bekannt wurde. Vasari erzählt, daß Piero fast wie ein Tier lebte, seine Wohnräume nicht säubern und seine Gärten und Weinberge nicht hacken oder jäten ließ. Er selbst lief ungekämmt und wild aussehend umher und verleugnete alle Zivilisation. Wie Uccello hatte er eine Vorliebe für Absonderlichkeiten und »Fehler« der Natur. Überall schaute er nach dem Ungewöhnlichen aus, entdeckte Gesichter in den Wolken und Schlachtenbilder an schmutzigen, bespienen Wänden. Zu seinen Besonderheiten gehörte auch, daß niemand ihm beim Malen zusehen durfte. Leonardo hatte vieles mit Piero di Cosimo und noch mehr mit Uccello gemeinsam. Bei ihm waren die gleichen Vogel- und Tiersammlungen zu finden, dasselbe Interesse an Launen und Abirrungen der Natur, der gleiche Hang zur Mathematik und anderen Naturwissenschaften und zum fortwährenden Experimentieren, das aus seinem Atelier ein Alchimistenlabor machte, vollgestopft mit neuen Bindemitteln, die er ausprobierte. Manchmal gingen die Versuche schlecht aus, und dann sollen die schönsten Bilder braun und schrumplig geworden sein wie alte Weiblein. In Leonardo schienen sich alle Talente des Florentiner Volkes zu vereinen – Begabung für Wissenschaften, Technik, Architektur, Kartenzeichnen, Malen, Modellieren –, und zu alledem sah er noch gut aus. Von allen seinen Gaben bildete er das Maltalent am meisten aus, ganz anders als Michelangelo, der fast genauso vielseitig begabt war und alle Malerei – außer dem Fresko – als kindische, eines Mannes unwürdige Arbeit verachtete. Leonardo ließ sich aber auch wie Uccello von mathematischen Problemen so sehr fesseln, daß er die Kunst darüber vergessen konnte. Ein Mönch, der als Agent für die

Kunstsammlerin Isabella d'Este arbeitete, schrieb ihr über Leonardos Fortschritte: »Seine mathematischen Experimente lenken ihn so sehr vom Malen ab, daß er mit dem Pinsel in der Hand nie lange aushält.«

Mit Leonardo hat sich das Element der Zauberei in der Malerei eindeutig manifestiert. Das ihm zugeschriebene Selbstporträt, das er im Alter schuf, zeigt ihn als eine Art von altertümlichem Merlin oder Druiden, mit langem weißem Haar, Bart und Augenbrauen – allem Zubehör eines Zauberers. Die bläulichen Höhlen und Grotten, die Stalagmiten und Stalaktiten, die spiegelnden Teiche und schattigen Flüsse auf seinen Gemälden winken dem Betrachter, in ein verwunschenes Land voll unheimlicher Magie einzutreten. Die lächelnden Lippen seiner Madonnen und Sankt Annen sind schlangenhafte Versuchungen. Johannes der Täufer mit seinen weichen, weibischen Brüsten und runden Armen verwandelt sich in einen Bacchus mit Weinlaubkranz und Pantherfell. Alles befindet sich in einem Stadium langsamer Metamorphose oder schleichender Umformung, und der Gegenstand seines berühmtesten Gemäldes, die »Mona Lisa« mit dem rätselhaften Lächeln, ist bestimmt eine Hexe. Das ist der Grund, weshalb immer wieder Menschen versucht sind, ihr Gesicht zu zerschneiden, es mit Schnurrbärten zu verzieren oder sie zu stehlen. Sie ist das berühmteste Gemälde der Welt, wahrscheinlich, weil alle Täuschungstricks und Mystifikationen der Malerei in ihr vereint sind und ein Gefühl hervorrufen, das der Furcht nahe verwandt ist.

5

Die Geschichte der Stadt Florenz in ihrer größten Zeit besteht aus einer Folge von Erfindungen und Neuerungen. Ein Florentiner schrieb das erste bedeutende Buch in der Volkssprache (die »Divina Commedia«); Florentiner errichteten die erste massive Kuppel seit der Antike. Sie entdeckten die Perspektive. In Florenz entstand die erste Aktstatue der Renaissance und die erste Oper (Jacopo Peris »Eurydice«). Es ist noch nicht geklärt, ob die ersten Statistiken in Florenz oder in Venedig aufgestellt wurden. Petrarca, der erste Humanist, war der Sohn einer florentinischen Ghibellinenfamilie, die zur Zeit seiner Geburt in Arezzo Zuflucht gefunden hatte. Literaturkritik im heutigen Sinne wurde von Boccaccio eingeführt, der in einer kleinen Kirche neben der Badia im Jahre 1373 Vorlesungen über die »Göttliche Komödie« hielt, nachdem die Signorie beschlossen hatte, daß das Werk des »Dichters, der im Volke Dante genannt werde«, der Öffentlichkeit laut vorgelesen werden solle. Boccaccios Bericht im »Decamerone« über die Symptome der Pest muß als Pionierarbeit der medizinischen Literatur gewertet werden. Machiavelli wird allgemein der Vater der Staatslehre genannt. Er war der erste, der die Funktionen der Macht im Staatsgebilde studierte. Die erste neuzeitliche Kunstkritik wurde von Leon Battista Alberti verfaßt.

Der erste Lehrstuhl für Griechisch wurde im 14. Jahrhundert in Florenz errichtet. Cosimo il Vecchio gründete im Kloster San Marco die erste öffentliche Bibliothek. Die italienische Schriftsprache ist ausschließlich eine toskanische Schöpfung, geformt nach dem Dialekt, der in Florenz gesprochen wurde; Manzoni, der Autor von »I Promessi Sposi«, kam im 19. Jahrhundert von Mailand nach Florenz, um – wie er sagte – »seine Sprache im Wasser des Arno reinzuspülen«. Leopardi wollte das gleiche. Denn die Toskana ist die einzige italienische Provinz, die keinen Dialekt hat, weil der toskanische Dialekt eben Italienisch ist. Genauso äußerte sich die italienische Malerei von Giotto bis zum Tode Michelangelos, also fast drei Jahrhunderte lang, im Idiom von Florenz.

Genaugenommen haben die Florentiner die Renaissance erfunden; sie haben die Neuzeit eingeleitet, die selbstverständlich nicht nur lichte Seiten hat. Florenz ist ein Wendepunkt gewesen und verleitet auch heute noch nachdenkliche Besucher dazu, sich den Kopf zu zerbrechen – mit dem Gefühl, daß hier ein schrecklicher Fehler begangen worden ist, an irgendeinem Punkt zwischen Giotto und Michelangelo, ein Fehler, der mit Macht und Größenwahn und Ichbezogenheit zusammenhängt. Wer darauf achtet, kann die Handschrift dieser Kräfte an den Wänden des Palazzo Pitti oder Palazzo Strozzi, dieser furchteinflößenden Schöpfungen aus rauhen, vorgewölbten Steinen, erkennen oder in dem kalten, eitlen Prunken von Michelangelos Davidsfigur, die in ihre eigene Schönheit verliebt ist. Dieses Gefühl, daß Florenz der Schauplatz des grundlegenden Irrtums gewesen sein muß, konnte man vor allem kurz nach dem letzten Weltkrieg kaum unterdrücken, als Machtwille und Technik so vieles in Schutt und Asche gelegt hatten. »*Du* trägst die Verantwortung«, sagte ein Florentiner vorwurfsvoll, als er nach der Wiedereröffnung des Bargello im Michelangelo-Saal in die Runde sah. Im Gegensatz dazu wirkte Giottos Campanile wie ein unschuldiger Mitgefangener.

Aber die »Erfindung« der Neuzeit konnte nicht aufgehalten werden, weder von Giottos Campanile noch von Donatellos »San Giorgio«, der Pazzi-Kapelle oder Masaccios »Trinità«. Die Florentiner brachten Dynamik in die Kunst; ein fortlaufender Beschleunigungsprozeß wie bei technischen Verbesserungen in der Industrie ließ alles um sich her veraltet erscheinen. In der Renaissance kam das letzte Wort immer aus Florenz. Als Cosimo il Vecchio 1433 an seinem Exilort Venedig anlangte und mit seinem Gefolge auf der Insel San Giorgio in der Lagune fürstlich untergebracht wurde, staunte die Stadt über den Architekten Michelozzo und über die Maler und Gelehrten, die zu Cosimos Hofhaltung gehörten und für venezianische Begriffe außerordentlich fortschrittlich waren. Genauso bestaunte Venedig später, zur Zeit Giorgiones, Leonardo bei seiner Ankunft. Als die Römer die beiden schäbig gekleideten jungen Florentiner Brunelleschi und Donatello beobachteten, wie sie Arbeiter beim Graben zwischen den Ruinen der alten Tempel und Bäder anleiteten, glaubten alle, die beiden suchten nach vergrabenen Schätzen, nach Gold und Edelsteinen, und die Messungen, die sie vornahmen, schienen diese Annahme zu bestätigen. Man glaubte, sie bedienten sich zur Schatzsuche der Geomantie, der Kunst der Wahrsagung aus Linien und Punkten, die wahllos auf den Boden gezeichnet werden. Ein Jahrhundert später gruben die Römer, die aus dem Verhalten der beiden »Schatzsucher« gelernt hatten, den »Laokoon« aus.

Wo die Florentiner hinkamen, wirkten sie als Aufrührer, als Wegbereiter des Neuen. Florentiner Emigranten versammelten sich in Ferrara, und die dortige Hofmalerei nahm eine große Leuchtkraft an, die ihren Höhepunkt in den Fresken des Palazzo Schifanoia erreichte. Florentiner kamen nach Urbino, nach Rimini, nach Mantua, und in all diesen winzigen Herzogtümern – bestaunt von den örtlichen Künstlern – ließen sie Meisterwerke der Malerei, Architektur und Bildhauerei zurück wie vergessene Taschentücher mit besonders schöner Stickerei. Giotto hat in der Arena-Kapelle zu Padua gearbeitet, und der Einfluß seines raumerfassenden Stils hat sich nach allen Richtungen verbreitet. Die großen Fresken von Tommaso da Modena in Treviso und die Zyklen Altichieros in Verona lassen deutlich die Florentiner Vaterschaft erkennen. Über hundert Jahre später war es wiederum Padua, das die Erschütterungen einer neuen Revolution in Florenz zu spüren bekam, als Donatello erschien und die riesenhafte Reiterstatue des Gattamelata auf dem Marktplatz aufrichtete, die als neues Wunder den jungen Mantegna und durch ihn die Venezianer inspirieren sollte, die schon von Masolino, Uccello und dem wilden toskanischen Gebirgler Andrea del Castagno aus dem Gleichgewicht gebracht worden waren. Das Gattamelata-Denkmal wird gewöhnlich das »erste Reiterstandbild seit der Antike« genannt, obwohl ihm in Wirklichkeit viele vorausgegangen sind, zum Beispiel das Denkmal für Dantes Protektor Can Grande im benachbarten Verona. Aber die Wirkung von Donatellos arrogantem berittenem *condottiere* war eben, die Betrachter alle anderen Reiterstatuen vergessen zu lassen und ihn für den Stammvater dieser Art Denkmäler zu halten. Ähnlich ist es mit Donatellos »David«. Er ist nicht die »erste Aktstatue seit der Antike«, sondern lediglich die erste freistehende Aktstatue. Im folgenden Jahrhundert war es Leonardo, der auf seinen Reisen Unruhe hervorrief. In Venedig brachte er Verwirrung über Giorgino und den jungen Tizian. Eine Mailänder Schule schloß sich seiner Malweise an. – Durch Florentiner Grabstättenbildhauer kam die schon leicht im Abklingen begriffene Renaissance nach England. Pietro Torrigiani meißelte das Grabmal Heinrichs VII. in der Westminster Abbey, und einige andere Künstler aus dem Hügelland um Florenz, aus Maiano und Rovezzano, arbeiteten für Kardinal Wolsey. – Es mutet sonderbar an, daß Michelangelo, der in seiner Kunst fast ein Zeitgenosse Beethovens hätte sein können, schon in dem Jahre starb, als Shakespeare geboren wurde. Dieser Datenvergleich macht deutlich, wie weit Florenz der übrigen Welt voraus war. Sogar in Rom stammen einige der erstaunlichsten Werke (die Sixtinische Kapelle, die Grabmäler der Päpste Julius II. und Innozenz VIII., die Kuppel von Sankt Peter und die Fresken von Masolino in San Clemente) von Florentinern.

Florentiner auf Reisen brachten immer Unruhe mit sich. Entweder waren sie politische Flüchtlinge, die mit Verleumdungen und Verschwörungen Kriege vom Zaun zu brechen versuchten, damit sie wieder heim könnten, oder es waren Künstler, die Verwirrung hervorriefen, indem sie vertraut gewordene Begriffe umstürzten. Zu Hause wie in der Fremde waren sie gern unabhängig, schwierig im Umgang, herablassend, schlagfertig. »Das also ist das Persönchen«, sagte Papst Eugenius IV., Brunelleschi musternd, »das sich zutraut, die Welt aus den Angeln zu heben.« – »Gebt mir nur einen Punkt, Eure Heiligkeit, wo ich meinen Hebel ansetzen kann, dann werde ich zeigen, was ich vermag.« Die prompte Antwort des kleinen Architekten steht für das ganze Wesen der Florentiner: »Gebt mir einen Platz, an dem ich stehen kann, und ich werde das Universum bewegen.« Auch die Geschichte von Giotto und dem Kreis, an die der Ausspruch »So rund wie Giottos O« erinnert, ist ein Beispiel für Selbstvertrauen und Schlagfertigkeit. Von den Agenten eines früheren Papstes um eine Probearbeit gebeten, zeichnete Giotto aus freier Hand mit rotem Stift nur einen perfekten Kreis und sandte diesen dem Statthalter Christi, der den Hinweis begriff: Ein Mann, der das konnte, hatte es nicht nötig, wie ein gewöhnlicher Handwerker Probearbeiten vorzulegen.

Am Campanile des Doms ist ein kleines Relief des Dädalos,

des Flügelmenschen der Antike, dessen Name übersetzt »kluger Handwerker« bedeutet. Das Relief zeigt ihn ganz mit Federn bedeckt und mit den beiden von ihm gefertigten Flügeln an den Schultern, vielleicht nach einem Entwurf Giottos, und man kann kaum daran zweifeln, daß er, der das Labyrinth des Minos erbaut hat und daneben auch ein berühmter Bildhauer war, das eigentliche Vorbild der Florentiner Architekten und Handwerker gewesen ist. Es ist wohl auch kein Zufall, daß gerade der Florentiner Leonardo da Vinci die Flugmaschine erfand und, wie es heißt, vom Monte Ceceri, dem großen Felsen von Fiesole, zu fliegen versuchte, wo Miltons Phantasie Galileo sah und wo die etruskischen Priester-Astrologen den Sternenhimmel erforscht hatten. In diesen Hügelbewohnern lebte zutiefst die Sehnsucht, Berge zu versetzen. Leonardo hatte, wie Vasari berichtet, nicht nur die Möglichkeit untersucht, Tunnel durch Berge zu bohren, sondern auch darüber nachgegrübelt, wie man die Berge selbst an einen anderen Platz schaffen könnte.

Die meisten großen Florentiner Architekten und Bildhauer waren gleichzeitig auch Ingenieure. Brunelleschi arbeitete einmal einen Plan aus, wie man durch Ableitung des Flusses Serchio die Umgebung von Lucca unter Wasser setzen und so die feindliche Stadt überrumpeln könne – ein genialer Plan, der jedoch fehlschlug. Während der großen Belagerung von 1530 sollte Michelangelo die Verteidigungsanlagen beaufsichtigen, und er baute, bevor er davonlief, die Befestigungsmauern, die noch heute bei San Miniato zu sehen sind. Leonardos Arbeit als Landvermesser in Mailand wurde schon erwähnt, und seine Tiefbauprojekte, die er im Dienste des Herzogs durchführte, sind genugsam bekannt. Die Tyrannen benachbarter Staaten vergaben ihre Aufträge für den Bau von Kanälen und Arsenalen mit Vorliebe an die Florentiner Bildhauer-Architekten.

Tyrannen und Techniker haben etwas miteinander gemein, was sie einander nahebringt: den Machtwillen, der sich beim Tyrannen auf den Staat richtet und beim Techniker darauf, die Natur zu meistern. Michelangelos enge Beziehungen zu vier verschiedenen Päpsten, die bei Julius II., dem kämpferischen Della Rovere, begannen, und die Überlieferung, daß Leonardo in den Armen Franz' I. von Frankreich gestorben sei, zeugen von einem tieferen Gefühl als bloßem Mäzenatentum. Es waren eher Fälle von Wahlverwandtschaft. Papst Clemens VII. (Giulio de' Medici) bekannte, daß er jedesmal, wenn der Künstler ihn besuchte, sich schnell niedersetzte und auch den Gast bat, Platz zu nehmen, weil Michelangelo sich sonst sofort zu setzen pflegte, ohne vorher um Erlaubnis zu fragen. Dieser Mangel an Ehrerbietung dem Papst gegenüber war keine Unverschämtheit. Wie die meisten früheren und heutigen Florentiner kannte Michelangelo keine »Klassen«. Die Gewohnheit, sich selbst mit Fürsten gleichzusetzen, entsprang aus einer gewissen Einfachheit und freimütigen Gewandtheit, die in Florenz durch die Anteilnahme der Bürger am politischen Geschehen, durch den regen Handel und das Fehlen eines Hofs gefördert wurde. Das grenzenlose Selbstbewußtsein und der Ehrgeiz der Florentiner beruhten auf einem Gefühl »natürlicher« Überlegenheit, das keinen äußeren Glanz benötigte. Michelangelo ließ die Oberfläche seiner Statuen gern etwas rauh, so daß die Spuren seiner Werkzeuge noch daran zu sehen waren, und genauso bewahrte er sich in Sprache und Benehmen eine gewisse Rauheit, damit der Meißel der Natur, der ihn in einer bestimmten Weise geformt hatte, noch erkennbar sei. Als Clemens VII. noch Kardinal war, schrieb ihm Michelangelo einmal in trockenem Ton: »Da der Papst jetzt Breves herausgibt, welche die Leute zum Stehlen ermächtigen, so bitte ich Euch, Ehrwürdigster Herr, mir solch ein Breve zu verschaffen, denn ich bedarf seiner mehr als sie.« – »Sie« war das Domkapitel, eine Klerikergruppe, mit der Michelangelo um ein Stück Land stritt.

Die Haltung der Florentiner gegenüber der Antike war die gleiche wie ihre Haltung den Päpsten und Fürsten gegenüber: Sie fühlten sich ihr gewachsen und waren bereit, mit den Meistern des Altertums zu wetteifern. Als Brunelleschi und Donatello in Rom antike Tempel und Statuen ausmaßen, geschah das nicht zu dem Zweck, sie zu kopieren, sondern um zu lernen, wie die alten Griechen gebaut und gemeißelt hatten und welches ihre Prinzipien gewesen waren. Die Nachahmung der Antike, wie sie Alberti anstrebte, hatte mit dieser Art Wissensdurst nichts zu tun. Es war mehr die Neugier, mit der ein Handwerker dem anderen über die Schulter sieht. In der Literatur erlag Florenz sehr früh der Begeisterung für alles Klassische; doch bildende Künste und Architektur, obgleich in ihrer Art sehr »klassisch«, haben sich niemals der Verehrung der Antike unterworfen, die andernorts üblich war. Das ist der Grund, weshalb Alberti mit seinen strengen Architekturregeln so wenig Erfolg hatte. Der Augenblick, an dem Florenz die Antike in die Schranken forderte, kam sehr bald. Als 1296 Arnolfo di Cambio den Auftrag erhielt, anstelle der alten Kirche Santa Reparata einen Dom zu erbauen, faßte die Bürgerschaft ihre Forderungen in einer Proklamation zusammen: Die Florentiner Republik wünschte, »daß ein Gebäude errichtet werde, so prächtig, groß und schön, daß es alle ähnlichen Gebäude übertrifft, die von Griechen und Römern zur Zeit ihrer größten Macht geschaffen wurden«. Die Absicht, so feststehende, ewige Maßstäbe zu überflügeln, grenzte fast an Blasphemie. Für unsere Ohren haben diese großen Worte einen »amerikanischen« Beigeschmack; es ist, als gäbe ein Millionär seinem Architekten den Auftrag, ihm etwas zu bauen, das größer und besser ist als der Parthenon.

Der Florentiner Geist lehnte sich gegen jeglichen Begriff einer gefestigten Hierarchie störrisch auf, sei sie vom Papst, Kaiser oder sogar nur von der Macht der Gewohnheit eingesetzt. Selbst Dante hatte eine Sitzordnung für das Jenseits nach seinen eigenen Gesichtspunkten ausgearbeitet, wobei er zum Beispiel seinen alten Grammatiklehrer Donato ins Paradies einwies. Jeder Künstler konkurrierte nicht nur mit seinen unmittelbaren Rivalen, sondern suchte auch alle früheren Maßstäbe der Vollkommenheit zu sprengen. Man setzte gleichsam voraus, auf der Startlinie seien alle Künstler der Vergangenheit und Gegenwart gleich gewesen, und ließ keinen Maßstab gelten als den, den jedes Kunstwerk bei seiner Entfaltung selbst zeigt. Keiner der großen Künstler von Florenz – ausgenommen die ersten Della Robbia, die beiden Lippi und Ghirlandajo, wenn man ihn als groß gelten lassen will – gehörte einem künstlerischen Familienunternehmen an, wie sie in Venedig und seiner Umgebung üblich waren, zum Beispiel Bellini und Söhne, die Brüder Vivarini, die Tintorettos und die Familie Da Ponte aus Bassano. In Florenz strebte jeder echte Künstler danach, allein zu stehen. Kennzeichnend für diese florentinische Eigenart war schon die Kleidung der Bürger. Burckhardt schreibt, daß die Florentiner im 14. Jahrhundert aufhörten, sich einer Mode zu unterwerfen, und daß sich in der Folge jeder so anzog, wie es ihm paßte.

Arnolfos Dom übertrifft den Parthenon nicht; trotzdem ist er ein bemerkenswertes Gebäude. Größe ist schon immer eine der Formen gewesen, die die Schönheit annehmen kann, und in der Renaissance war man sich dessen klarer bewußt als heute. »Laßt euch sagen, wie schön der Dom ist«, schreibt Vasari, und was dann folgt, sind die ungewöhnlichen Maße.

Von außen überrascht der Dom noch heute durch seine Massigkeit, die in keinem Verhältnis zu den engen Straßen seiner Umgebung steht. Er lastet in der Mitte der Stadt wie ein großer Schneeberg, den irgendeine Naturkraft hierher versetzt hat, und er ist ja in der Tat eine Art künstlichen Berges, der sich aus der flachen Stadt erhebt und mit dem Felsen von Fiesole, den man in der Ferne erblickt, wetteifert. Im Gegensatz zum Petersdom in Rom, dem man seine Umgebung mit Kolonnaden, Brunnen und einem Obelisken umsichtig ausgeglichen hat, ist der Dom von Florenz etwas, auf das man aufprallt wie auf eine unabwendbare Tatsache, nachdem man sich seinen Weg durch Ladensträßchen, *pasticcerie* und das höllische Verkehrsgewimmel gebahnt hat. Er erschreckt durch seine Größe und überrascht, weil er so festlich aussieht mit seiner ausladenden, reichverzierten Apsis und dem farbigen Kleid aus toskanischem Marmor. Er gleicht einem Berg, aber auch einem bauschigen Zirkuszelt. Im Verein mit dem Baptisterium und dem schönen, von Giotto erbauten Campanile bildet er eine helle Insel in dieser ernsten, bräunlichen Bürgerstadt. Wer die Toskana kennt, ist allerdings an diesen Kontrast schon gewöhnt, denn in allen ihren Städten sind die öffentlichen Bauten und die Wohnhäuser düster, die marmornen Kirchen hell und fröhlich.

Im Innern ist Arnolfos Dom sehr edel, hoch und feierlich, mit großen steinernen Pfeilern, die wie Eichen aus dem Boden wachsen und massive Bögen stützen. Diese Bögen sind so gewölbt, daß man sie kaum als Spitzbögen bezeichnen kann. Der prächtige steinerne Raum hat nichts Schwebendes wie gotische Kathedralen. Die aufwärts strebenden Linien sind unterbrochen von einer geraden, schmalen Eisengalerie, die ringsherum läuft und die Umrisse des Gebäudes unterstreicht. Ein paar Gedenkbüsten, Uccellos Uhr, die beiden plastisch erscheinenden Ritter zu Pferde, hoch oben in den dicken Wänden runde, tiefe Fensteraugen mit großen farbigen Glasscheiben, eine kleine Bischofsfigur mit segnenden

Händen, ein paar verblaßte Bilder auf Goldgrund, ein abgenutztes Fresko Dantes, zwei Statuen des Propheten Jesaia, ein Weihwasserbecken – das ist fast der ganze Inhalt dieses ruhigen, langgestreckten Raumes bis zu der Stelle, wo er in die geräumige achteckige Apsis übergeht, die von düsteren, fast ganz dunklen Kapellen umgeben und von Brunelleschis Kuppel gekrönt ist. Nur die wesentlichen Elemente sind vorhanden, das schützende und das stützende, nur die wesentlichsten Kennzeichen der Anbetung und des Totengedenkens und dazu eine Uhr, die in der Stille die Stunden zählt.

Das Wagnis Arnolfos, des ersten aller großen Florentiner Baumeister, lag nicht nur in dem Ausmaß seines Unternehmens, sondern auch in der entschiedenen Betonung der wesentlichen Elemente – dessen, was die Italiener die *membratura,* das Knochengerüst eines Gebäudes, nennen. Michelangelo, der letzte Große dieser Kirchenbaureihe, betrachtete die Architektur als der Anatomie verwandt, und in seinem Sinne gleicht der Dom mit seiner unterstrichenen *membratura* einem nackten Körper, dessen Muskeln, Sehnen und Knochenbau zu erkennen sind. Arnolfo war auch Bildhauer, und die Skulpturen, die er für die alte romanische Fassade und das Innere der Kathedrale schuf (man kann sie im Dom-Museum besichtigen), haben eine sonderbare Familienähnlichkeit mit dem Dominnern selbst, so als seien Heilige, Madonnen, Bischöfe und das Gebäude vom gleichen Grenzlandschlag – groß, handfest, unempfindlich.

Arnolfo hatte erst die Apsis vollendet – nach einzelnen Darstellungen war er bis zum Tambour der Kuppel gekommen –, als er starb. Er hinterließ mit seinem unvollendeten Werk ein Problem, das mehr als hundert Jahre lang unlösbar erschien. Wie sollte man über den Riesenraum der Apsis ein Kuppeldach spannen? Es gab keinen Präzedenzfall, weil seit der Antike keine Kuppel von vergleichbarer Größe errichtet worden war. Die Methoden, deren man sich im Altertum bedient hatte, waren nicht bekannt. Man lud Fachleute ein, die ihre Ideen beisteuern sollten. Jemand schlug vor, in der Apsis einen großen Erdhügel aufzutürmen, der mit kleinen Münzen *(quattrini)* gespickt werden sollte. Auf diesem Fundament könnte dann die Kuppel errichtet werden. Den Erdhaufen würde das Volk von Florenz danach freiwillig abtragen, wenn man ihm erlaubte, nach den quattrini zu wühlen. Der Hauptvorteil dieses bizarren Planes war, daß er kostenlose Arbeitskräfte für das Abtragen der Erde garantierte. Wenn man sich die nach den Münzen suchenden Florentiner vorstellt, drängt sich unwillkürlich das Bild eines Ameisenhaufens auf. – Die Republik, die so anspruchsvoll war und doch immer Ausgaben scheute, hatte das Problem, Arnolfo zu bezahlen, gelöst, indem sie ihm als Entgelt für seine Arbeit die Steuern erließ.

Im Jahre 1420 wurde für die Kuppel ein Wettbewerb ausgeschrieben, zu dem man Meister aus ganz Italien einlud. Solche Wettbewerbe für städtische Arbeiten fanden in Florenz regelmäßig statt, und gerade kurz zuvor hatte der junge Filippo Brunelleschi sich mit anderen Künstlern um den Auftrag beworben, den zweiten Satz der Bronzetüren für das Baptisterium anzufertigen. Sein Entwurf wurde abgelehnt, und der Preis ging an Lorenzo Ghiberti. Enttäuscht war er – so erzählt die Geschichte – mit Donatello nach Rom gegangen und hatte sich entschlossen, Architekt zu werden, weil er wußte, daß ihn auf diesem Gebiet niemand schlagen würde. Er blieb mehrere Jahre dort und verdiente seinen Lebensunterhalt als Goldschmied. Während dieser Zeit untersuchte er römische Gebäude und widmete besonders dem Pantheon und dessen Kuppel seine Aufmerksamkeit. Als zum Wettbewerb aufgerufen wurde, kehrte er nach Florenz zurück und verkündete, er habe den Weg gefunden, wie man die Kuppel von Santa Maria del Fiore ohne Stützen errichten könne – was nach damaligem Glauben vollkommen unmöglich war.

Wie Kolumbus vor eine Versammlung von Zweiflern gestellt, nahm Brunelleschi den Eiertrick des Kolumbus vorweg. In Vasaris Version heißt es: »Er schlug allen fremden und einheimischen Meistern vor, derjenige solle mit dem Bau der Kuppel beauftragt werden, der es fertigbrächte, ein Ei aufrecht auf eine glatte Marmorplatte zu stellen, denn damit würde sich sein Genie manifestieren. Sie nahmen also ein Ei, und alle Meister taten ihr Bestes, um es aufrecht hinzustellen; aber keiner brachte es fertig. Worauf Filippo, dem man sagte, er solle es selbst versuchen, das Ei geziert in die Hand nahm, es mit einem Ende auf die Marmorplatte stieß, daß es einknickte, und dann aufrecht hinstellte.« – Er überwölbte die riesige Apsis mit einer doppelten Kuppel, die äußere Schale auf der inneren ruhend. Wahrscheinlich hatte ihm das Pantheon diese Idee eingegeben.

Die Kuppel Brunelleschis war nicht nur ein Wunder, sie war auch außerordentlich zweckmäßig in allen Einzelheiten. Sie bekam Regentraufen, kleine Kanäle oder Öffnungen, um den Winddruck zu verringern, im Innern Gerüsthaken, damit jederzeit Fresken angebracht werden konnten. Auf den *ballatoio,* die Galerie, die zur Spitze hinaufführt, fällt Licht, so daß niemand im Dunkeln herumstolpern muß, und eiserne Sprossen geben dem Fuße dort Halt, wo die Stiege steiler wird. Während des Baus hatte Brunelleschi in den Gerüsten sogar zeitweilig Gastwirtschaften und Weinstuben für die Maurer einrichten lassen, so daß diese tagsüber an ihrem Arbeitsplatz bleiben konnten und nicht zum Essen den weiten Weg hinunter auf die ebene Erde machen mußten. Brunelleschi hatte an alles gedacht.

Kurz gesagt, die Kuppel war in jeder Hinsicht ein Wunder, und als später Michelangelo nach Rom gerufen wurde, um die

Kuppel von Sankt Peter zu bauen, drückte er in einem Reim seinen Respekt vor Brunelleschi aus:

»Io farò la sorella,
Già più gran ma non più bella.«
Ich werde ihre Schwester bauen,
Wohl größer, doch nicht schöner.

Vasari sagt, die Kuppel wetteifere mit dem Himmel. »Dies Bauwerk türmt sich zu solcher Höhe auf, daß die Hügel um Florenz daneben kleiner erscheinen.« Oft schlug der Blitz hinein – für das Volk ein Zeichen, daß der Himmel neidisch war. Als die Florentiner hörten, daß auf die Kuppel noch eine Laterne gesetzt werden sollte – von Brunelleschi entworfen, doch erst nach seinem Tod ausgeführt –, bekamen sie Angst und nannten es »Gott versuchen«. Michelangelo hatte recht, als er sagte, die Kuppel von Sankt Peter würde nicht schöner werden. Darüber hinaus war die Florentiner Kuppel die erste. Michelangelo konnte sich andererseits derb und sarkastisch über andere Architekten und Bildhauer äußern. Er wies Baccio d'Agnolos Modell für die Fassade von San Lorenzo als »Kinderspielzeug« zurück, und von der äußeren Galerie am Dom, die auch von Baccio stammte, sagte er, sie sei »ein Grillenkäfig«. (Grillen in kleinen Käfigen werden heute noch im Cascine am Himmelfahrtstag, der in Florenz das »Grillenfest« heißt, verkauft.) Doch wirkliche Größe erkannte er an – er nannte Ghibertis neue Baptisteriumstüren die »Pforte zum Paradies«, und Donatellos »San Giorgio« befahl er: »Marschiere!« –, und so war er sich auch immer der Überlegenheit Brunelleschis bewußt, der schon lange vor seiner, Michelangelos, Geburt gestorben war und den er nicht übertreffen konnte: größer – ja, doch nicht schöner. Die Medici-Gräber, die Treppe der Laurenzianischen Bibliothek, die Kuppel von Sankt Peter sind eigentlich nur weitere Brunelleschis. Die schweren Konsolen und Tragsteine im Vestibül der Bibliothek zum Beispiel, die kräftigen, tiefen Auszackungen, der Kontrast von Licht und Schatten, *pietra serena* und weißem Stuck, alles ist Brunelleschi, unterstrichen oder gleichsam *fortissimo* gespielt. Brunelleschi hat wie Arnolfo die *membratura* eines Gebäudes betont; bei Michelangelo erscheint eine falsche *membratura,* ein fiktives Zusammenspiel aus Fenstern, Stützpfeilern, Konsolen und so weiter – kurz, eine Schaustellung der Muskeln.

Mit Brunelleschi erreichte die Florentiner Tradition ihren Höhepunkt. In seinen Werken – zum Beispiel in der Kirche Santo Spirito, der Pazzi-Kapelle oder der Badia von San Domenico di Fiesole – ist die ernste Reinheit, Schlichtheit und Ruhe der frühen Florentiner Kirchen zu finden. Die Keimzelle seiner Kunst liegt nicht im klassischen Rom, sondern in der kleinen Kirche Santi Apostoli, die nach der Sage von Karl dem Großen erbaut wurde. Sie ist ganz in Grau und Weiß gehalten – dem dunkelgrauen, *serena* genannten Stein und weißem *intonaco* –, hat drei Schiffe, zwei Säulenreihen mit schönen korinthischen Kapitellen, die eine rhythmische Folge von Rundbögen stützen, und als Schmuck dekorative Blatt-, Muschel- und Strahlenmotive in dunkelgrauem Stein. Das sind auch die Elemente des toskanischen Klassizismus, auf die man immer wieder in den großen Brunelleschi-Kirchen stößt, manchmal sind sie noch bereichert durch Friese und Rondelle von Donatello, Desiderio oder Luca della Robbia: In den Sakristeien findet man häufig diese Darstellungen von Cherubinen mit Strahlenkränzen, die wie Blütenblätter aussehen, daneben die vier Evangelisten oder Szenen aus dem Leben des heiligen Johannes.

Die großen Kirchen Brunelleschis, besonders San Lorenzo, die frühere Gemeindekirche der Medici, sind durch spätere Änderungen etwas verpfuscht worden. Die Pazzi-Kapelle jedoch, die für das Geschlecht der Pazzi als eine Art Privatbetstätte direkt neben der Franziskanerkirche Santa Croce erbaut worden war, ist seit dem 15. Jahrhundert unangetastet geblieben, und hier findet man Brunelleschi in seiner reinsten Ausdrucksform. Es ist eine kleine, stille quadratische Kirche in gelblichen Farben, die von außen fast wie ein kleines Mausoleum aussieht oder wie eine jener kleinen braunen etruskischen Urnen in Hausform, von denen man heute noch eine im Archäologischen Museum betrachten kann – die *»aedes tuscanica«*. Sie hat einen Pronaos, eine Vorhalle mit schlanken korinthischen Säulen, über denen ein Fries von Desiderio mit Cherubimköpfen in kleinen Medaillons entlangläuft. Unter den Dachvorsprüngen befindet sich eine Attika und darüber eine Kuppel mit einer zerbrechlich wirkenden hohen Laterne. Das Tondo in glasierter Terrakotta über der Tür stammt von Luca della Robbia und stellt den heiligen Andreas dar; denn die Kapelle wurde für Andrea de' Pazzi erbaut.

Das Innere ist ein einfaches Rechteck mit vier hohen, schmalen Fenstern, kahlen weißen Wänden und einer kleinen Apsis. In den vier Ecken sind mit dunkelgrauer *pietra serena* hohe Rundbögen auf die weiße Wand gezeichnet, wie eine Erinnerung an frühere Fenster. Kannelierte Pilaster mit korinthischen Kapitellen, gleichfalls aus *pietra serena*, bezeichnen an den glatten Wänden die Stützstellen, ebenso sind die Lünetten und Stützbögen der Kapelle mit dunklen Steinbändern im weißen Stuck nachgezogen. Dazwischen befinden sich Rechtecke mit Steinrosetten in der Mitte. Über den Rechtecken des unteren Teils erheben sich die Halbkreise der Lünetten und Bögen, die ihrerseits von dem Halbrund der Kuppel gekrönt sind. Dieses endlose Spiel mit den Grundformen und ihren Variationen – rechteckig und rund, tief und flach – gleicht einem großen Konzert – der Musik des Universums, gespielt in einem kleinen Raum.

Den Wänden entlang sind dunkelblau-weiße, mit *pietra se-*

rena umrahmte Tondi mit Darstellungen der zwölf Apostel von Luca della Robbia verteilt, dicht unter einem Fries aus Cherubimköpfen und Lämmern in abwechselnd blauer und blaßrosa Terrakotta. In den Pendentifs der Apsis finden sich wunderbare riesige graue Muscheln, und in den Pendentifs des Hauptraumes sitzen die vier Evangelisten, nach Brunelleschis Entwürfen von Luca della Robbia in glasierter Terrakotta ausgeführt, jeder mit seinem Symbol und Gefährten: Sankt Lukas mit dem Stier, Sankt Markus mit dem Löwen, Sankt Johannes mit dem Vogel und Sankt Matthäus mit dem Engel in Menschengestalt. Die Farben der Glasur sind klar und von intensiver Leuchtkraft in dem ernsten grau-weißen Raum. Der Vogel ist rabenschwarz, der Löwe schokoladenfarben, der Stier dunkelbraun. Die Gewänder der Evangelisten glitzern in glasigem Weiß oder Gelb und durchscheinendem Grün. Der Untergrund ist wellig blau, als säßen die vier großen Lehrmeister mitsamt ihren Büchern bequem auf einem leichtbewegten Meer. – In der blauen Kuppel über der kleinen Apsis mit dem schlichten tischähnlichen Altar befindet sich eine »Erschaffung des Menschen und der Tiere«. Man kann sich keinen vollendeteren Mikrokosmos vorstellen als diese Kapelle; denn hier ist alles vorhanden, in richtiger Ordnung und Proportion, wie am siebenten Schöpfungstage, als Gott von seinen Werken ausruhte und sah, daß die Werke gut waren.

Das so unruhige, ja dramatische Leben von Florenz scheint mit Brunelleschi zu einer vollkommen ausgewogenen Kunst gefunden zu haben. Die furchtbaren Kämpfe, die sich in dieser Stadt abwickelten und in denen etwas später die Pazzi eine so große Rolle spielen sollten, wurden wettgemacht durch eine »Versöhnung« der Formen. Die Sabbatruhe dieser Kirchen ist auch in der Klosterkirche von San Domenico di Fiesole zu spüren, die nach Brunelleschis Entwürfen im Auftrage des alten Cosimo erneuert wurde, und ebenso in der alten Sakristei von San Lorenzo, bei der Brunelleschi seinen Freund Donatello zum Mitarbeiter hatte. Die Sakristei ist ein quadratischer weißer Raum mit vier großen Lünetten aus *pietra serena,* einer hemisphärischen Kuppel mit »Auge«, einem zierlichen Cherubimfries, vier auf Stuck gemalten Darstellungen aus dem Leben des Evangelisten Johannes und vier großen Medaillons aus farbiger Terrakotta, in denen die vier Evangelisten, tief in Studien versunken, an vier antiken Pulten sitzen. Über der kleinen Altarnische an der Rückwand erhebt sich eine weitere Kuppel, eine verspielte *cupoletta* nur, die wie ein kleines Planetarium auf dunkelblauem Himmelsgrund goldene Sternbilder zeigt. – Santo Spirito, die Heiliggeistkirche auf dem großen Marktplatz am Arno, ist großartiger in der Gestaltung des Innenraums. Die langen Reihen mächtiger grauer Säulen mit korinthischem Blattwerk erwekken das Gefühl, als befände man sich im Hochwald. Auch hier herrschen elementare Harmonie und ruhiges Gleichgewicht.

Brunelleschi war ein schlichter, kahlköpfiger kleiner Mann. Er verabscheute Unausgeglichenheit und Übertreibung. Als sein Freund Donatello ihm ein für Santa Croce bestimmtes hölzernes Kruzifix zeigte, dessen Christus herb und bäuerlich aussah, fuhr Brunelleschi ihn an: »Du hast einen Hanswurst ans Kreuz genagelt!« Donatello fragte ihn darauf, ob er sich eine bessere Christusfigur zutraue. Brunelleschi antwortete nicht, machte jedoch heimlich ein anderes Kruzifix aus Holz (es hängt heute in einer Kapelle von Santa Maria Novella), von dem Donatello, als er es schließlich in der Werkstatt seines Freundes sah, so überwältigt war, daß er ein paar Frühstückseier, die er in der Schürze trug, zu Boden fallen ließ.

Das Privatleben dieser Künstler, in dem Schürzen und Eier

vorkommen wie im täglichen Leben einfacher Arbeiter, spiegelt sich in ihrer Kunst wider, die eine Kunst des Wesentlichen ist. San Lorenzo und Santo Spirito werden, wie schon erwähnt wurde, kaum von Touristen besucht; sie gehören ganz dem Volk, und unmittelbar vor ihren Türen sind die wichtigsten Märkte der Stadt, wohin die Armen zum Einkaufen kommen. Rings um Santo Spirito halten die Obst- und Gemüsehändler aus dem Oltrarno-Viertel Waren feil, dazwischen sitzen alte, lahme Bettler in der Sonne. San Lorenzo gegenüber sind Stände mit billigen Schuhen – hauptsächlich sind es Männerschuhe –, die in endlosen Reihen aufgestellt sind, und mit Arbeitsschürzen und Overalls in Braun, Blau und Weiß – den Farben des heiligen Franziskus und der Madonna. Arbeit und Rast, Alltag und Sonntag, *pietra forte* und *pietra serena* bilden das Florentiner Helldunkel, den Nährboden für Künstler, denen es gegeben war, in begrenzten Räumen, einer kleinen Kapelle oder dem strengen Rahmen eines Gedichts, etwas wahrhaft Vollkommenes zu schaffen.

In allen Schichten der Florentiner Gesellschaft ist noch heute zu beobachten, daß jegliche zeremonielle Steifheit im Umgang miteinander fehlt; Männer aus Adelsfamilien gehen mit Einkaufstaschen auf den Markt und suchen Gemüse aus, oder sie handeln Orangen aus Sizilien gegen Pfirsiche von ihren Landgütern ein. In dieser Junggesellenstadt scheint es durchaus üblich zu sein, daß Männer einkaufen gehen. – Im 18. Jahrhundert handelten die Großherzöge mit Wein, der an der Hintertür des Palazzo Pitti in *fiaschi* verkauft wurde, und die alten Leute erinnern sich noch heute daran, daß man früher in den Vorratskellern vieler Palazzi Butter kaufen konnte, die auf den Landgütern der Adelsfamilien hergestellt wurde. – Zu den hübschesten Gedichten Lorenzo de' Medicis gehören die selbstvergessenen Verse, die er über das Landleben dichtete. – Die typische Florentiner Villa war ein einfaches

Bauerngut mit Olivenbäumen und Weingärten, die sich bis zum Haus mit der Terrasse hinaufzogen. Der Sinn für das Nützliche beherrscht noch immer das Landschaftsbild um Florenz: Zitronenbäume in irdenen Kübeln flankieren die Villen – im Winter wandern sie in die *limonaia*, das Zitronenhaus –, lange Zypressenreihen dienen als Windschutz, die Gartenwege haben Dächer zur Abschirmung der Sonnenstrahlen. Große Töpfe mit leuchtenden Geranien und Tausendschönchen, Beete voller Zinnien und Dahlien – den anspruchslosen Blumen der Armen und Bauern – schmücken auch hauptsächlich die Landhäuser der Florentiner. Man schneidet sie, und sie wachsen nach. Sie lassen sich gewissermaßen »strecken«. Die besten Florentiner Gerichte werden ja auch aus Resten zubereitet. Eine Béchamelsauce, im übrigen Italien das Meisterstück des Küchenchefs, macht jeder einfache Koch in Florenz, um die Überbleibsel eines Huhns noch als »Huhn soufflé« zu verwerten.

Die Einfachheit des Lebens hatte Florenz von jeher mit Athen gemeinsam. Donatello und Brunelleschi lebten wie barfüßige Philosophen. Sokrates führte seinen Stammbaum auf Dädalos, den klugen Handwerker, zurück, der durchaus auch Brunelleschis Ahnherr hätte sein können. Brunelleschis Architektur ist Weisheit, in der – wie auch in der sokratischen und platonischen Philosophie – Formen in ihrem eigentlichen Wesen verwirklicht sind: in der Rundheit des Runden, der Eckigkeit des Eckigen, der Schlankheit des Schlanken. Ein Fenster zum Beispiel, das Brunelleschi herausgeschnitten hat, ist die platonische »Idee« des Fensters: nicht irgendein besonderes Fenster, sondern das einzige, unvergängliche Modell des Fenster. Das ist etwas anderes als die sogenannten »Idealformen« aus Michelangelos Bildhauerei, wo »ideal« »geistig« heißt, »imaginär«, »nicht dem Leben entsprechend«, oder mit einem anderen Wort: »idealisierend«, wie die Herzöge auf den Medici-Gräbern. Brunelleschis Fenster sind in diesem Sinne ganz und gar nicht idealisiert. Sie sind ganz einfach die Verwirklichung des Begriffs »Fenster«, geformt mit einer so nachdrücklichen Endgültigkeit, daß andere Fenster daneben wie Zufallsprodukte aussehen. Diese gerahmten Öffnungen im Raum rufen eine Bemerkung Leonardos ins Gedächtnis, die gleichzeitig tiefsinnig und sehr einfach ist, daß nämlich die Augen die Fenster im Gefängnis des Körpers sind. – Mit Brunelleschi wurde die Florentiner Architektur tief, im einen wie im andern Sinne. Jeder Gegenstand – sei es ein Kragstein, ein Kapitell, ein Bogen, eine Säule, ein Gewölbe – ist so intensiv er selbst, so in sein eigenes Wesen versenkt, daß es außer Freude auch einen gewissen Schmerz bereitet, ihn zu betrachten, so als erinnere dieses In-sich-selbst-Ruhen an irgend etwas anderes, an etwas aus dem verlorenen Bereich der vollkommenen unveränderlichen Formen. Es gibt keine bessere Anschauung für die alte Lehre von ihrer mysteriösen Blutsverwandtschaft als die Pazzi-Kapelle und den Zweiten Kreuzgang von Santa Croce mit den herben, schlanken Säulen und den scharf eingeschnittenen Verzierungen in Form von Urnen, Kränzen, Muscheln und Ornamenten.

Italienische Kritiker sprechen von der »aufrichtigen« Architektur Brunelleschis. Man nennt ihn stets *»schietto«*, »freimütig«. »Wahr« träfe eher zu, denn er besaß die Liebe eines Philosophen zu ewigen und elementaren Wahrheiten. Seine Domkuppel zwingt dem Betrachter eine erst zögernde und dann seltsam überraschende Anerkennung ab.

Alle große Kunst hat in Florenz – angefangen bei Giotto, fortgesetzt durch das Quattrocento – die Gabe, mit ihrer unerwarteten und absoluten Wahrhaftigkeit den Betrachter in Erstaunen zu setzen. Diese Gabe wurde einst Schönheit genannt. Die unmittelbare Wirkung eines großen Giotto oder eines Masaccio ist, daß der Betrachter unfähig ist, seine Gefühle auszudrücken. Kommt man in den ersten Saal der Uffizien oder in die Brancacci-Kapelle in Santa Maria del Carmine, empfindet man etwas, das man mit dem heutigen Schönheitsbegriff kaum in Zusammenhang bringt: Man spürt die Unzulänglichkeit der Sprache. Was sollte man hier sagen? Diese Kunst kann mit nichts als mit sich selbst verglichen werden, und darin ähnelt sie der Architektur – sie ist eine Tatsache, die der Welt ohne Rücksicht aufgezwungen worden ist. Es ist leicht, über einen hübschen Giorgione zu reden, einen Tizian, einen Giovanni Bellini und sogar über einen Piero della Francesca. Diese Gemälde sind von der Sage und der Literatur gleichsam umkleidet, so daß sie die Phantasie lebhaft beschäftigen. Wenn man vor einem Giotto oder Masaccio nichts zu sagen weiß, so ist das ein untrügliches Zeichen dafür, daß das Bild weiterhin eine Offenbarung bleibt, ein Erlebnis, das immer noch erschreckend genug ist, um uns die Zunge zu lähmen, wie es dem alten Priester Zacharias geschah, als ihm die Empfängnis des Täufers angekündigt wurde.

Masolino begann die Freskenreihen in Santa Maria de Carmine, der junge Masaccio setzte sie fort, und fast sechzig Jahre nach Masaccios frühem Tod wurden sie von Filippino Lippi vollendet. Die von Masolino stammenden Teile sind voll eines geschmeidigen, graziösen Charmes, die Gemälde Filippino Lippis zeigen virtuose Porträtierkunst. Doch das Werk Masaccios erkennt man fast augenblicklich an der Art der Raumerfassung, den fest und massiv dastehenden Körpern und der unerbittlichen Aufrichtigkeit, mit der er die Dinge gesehen hat und die wie der suchende Strahl eines Leuchtturmes über die Wandgemälde hinstreicht. Man mag sie noch so oft gesehen haben, diese Geschichten von Petrus und von der Erbsünde, sie verursachen doch immer wieder eine Art von Verwirrung. Zweifellos liegt das teilweise an den realistischen Einzelheiten. Man sieht den nackten Knaben bei der Taufe förmlich zittern, und wie weltmüde blickt das halbgeschlossene Auge des almosenausteilenden Sankt Peter, wie prägt sich die Gestalt des Krüppels ein! Die untersetzte Figur und der aufgerissene Mund Evas, die sich jammernd aus dem Garten Eden treiben läßt, scheinen allen Schrecken und alle Häßlichkeit des irdischen Daseins in sich zu schließen. Doch dieser fast medizinische Realismus ist nur ein Teil einer umfassenden Wahrhaftigkeit, in deren Licht alles menschliche Erleben, Gutes und Böses zugleich, aufleuchtet wie bei einem Blitzstrahl oder wie in dem Augenblick, als der Schleier des Tempels zerriß, weil beim Tode Christi die Erde bebte.

In gleicher Weise hat Masaccio in seinem herrlichen Dreifaltigkeitsfresko in der Kirche Santa Maria Novella die ganze gewaltige Weltstruktur festgehalten. In einer stark perspektivisch gemalten gewölbten Kapelle mit toskanischen Pfeilern stützt Gottvater, der festeste Pfeiler der Gerechtigkeit, das Kreuz, an dem mit weit ausgestreckten Armen sein Sohn hängt. Unter dem Kreuz stehen die Jungfrau und der junge Johannes, noch weiter unten, auf einer tieferen Ebene, die außerhalb der gemalten Kapelle liegt, knien zu Füßen zweier riesiger korinthischer Pilaster die beiden Stifter, der Mann und seine freundliche, matronenhafte Frau. Maria, eine reife Frau mit dem weltklugen Gesicht einer Äbtissin, wendet dem Betrachter ihr Gesicht zu und beschreibt mit erhobener Hand eine Geste, die fast wie ein Achselzucken aussieht, während der im Profil dargestellte Johannes betet. Sein Gewand ist rosig wie seine Wangen, er blickt streng und entschlossen und ähnelt einem Kreuzritter. – Hier wie in der Pazzi-Kapelle kann es keinen Zweifel geben, daß der große geordnete Weltplan im kleinen eingefangen ist – in diesem Falle sind es Gerechtigkeit und Erlösung, deren Gerüst das Kreuz ist. Dieses Fresko mit seiner erschreckenden Logik gleicht fast einem philosophischen oder auch mathematischen Beweis: Ein gleichseitiges Dreieck steht unter einem Bogen, der wiederum von einem Rechteck eingeschlossen ist. Und das Zentrum, der Scheitelpunkt des Dreiecks und der Gipfel aller Dinge, ist das Haupt Gottvaters, des *Padre Eterno* mit dem grauen Bart und den unbewegten grauen Augen. Er ist das Axiom, aus dem alles andere unwiderruflich folgt; er hält alle Dinge an ihrem Platz.

Sokrates hatte eine Ratgeberin, die Priesterin Diotima, die er über vieles befragte. In Florenz hat es eine ganze Reihe solch kluger Frauen gegeben. Zur Zeit der Belagerung von 1530 übte eine gewisse Schwester Domenica großen Einfluß auf die Führung der Republik aus. Bei jeder neuen Wendung der Ereignisse fragte man sie um Rat. Sie glaubte, daß den Medici die Rückkehr »bestimmt« sei, und riet deshalb zum Frieden mit Papst Clemens, weil es nutzlos wäre, sich gegen das Schicksal aufzulehnen. – In der Regierungszeit der Großherzöge aus dem Hause Medici gab es in Florenz eine berühmte Frau, Donna Maria Ciliego (Kirschbaum), die im Portiko von Santissima Annunziata wohnte, der Zufluchtsstätte sonderbarer »Charaktere« aller Arten, die zum Teil wegen der wundertätigen Madonna in der Kirche, zum andern wegen des Schutzdaches dort zusammenkamen. Wie Diogenes hatte auch diese Philosophin aus dem Volke keine Wohnung, sondern lebte auf der Straße und schlief unter einer Loggia oder einem Portiko. Man erwies ihr Gutes, ohne daß sie bettelte, weil sie in wundersamen Denksprüchen redete und eigene Lehren verkündete. Sie war außerordentlich sauber, trug immer einen Besen bei sich, um ihre »Nachtquartiere« auszukehren, und hatte in ihrem Korb Wäsche zum Wechseln und eine Kleiderbürste. Auch schleppte sie ständig ein Waschfaß und einen kleinen Ofen mit, auf dem sie kochte. Unter ihrem Rock bewahrte sie in Beuteln Teller und Kochtöpfe auf. Wollte sie ihre Kleider wechseln, ging sie in das Haus, das ihr einmal gehört hatte und in dem nun ihre Schwestern wohnten; doch niemals willigte sie ein, dort zu schlafen. *Nihil nimis*: Am Ende jeder Woche verteilte sie das, was sie von ihren Almosen übrigbehalten hatte, an arme Nonnen.

Diese bemerkenswerte Frau hatte offenbar die Bedürfnisse des Körpers bis auf das Wesentlichste beschränkt, ohne ihre Anstandsmaßstäbe zu verletzen. Sie war eine Weise nach antikem Vorbild, die ihre kleinen Angelegenheiten nach den Prinzipien der Vernunft ordnete und in nichts den schmutzstarrenden Einsiedlern des mittelalterlichen Christentums glich. Sogar der Schönheit räumte sie einen angemessenen Platz in ihrem Leben ein: Ihre Kleider waren mit Flicken übersät, die sie zierlich wie Ornamente aufgenäht hatte.

Frauen mit starkem und manchmal männlichem Charakter haben bedeutende Rollen in der Geschichte von Florenz gespielt. Den Anfang machte die Gräfin Mathilde von Tuscien, die auf ihrem Schloß Canossa den deutschen Kaiser Heinrich IV. auf den Knien sah. Dann gab es Dantes »gute Guadralda«, die mit Guido Guerra vermählt war und mit ihrer Sanftheit sein wildes, heftiges Wesen beschwichtigte. Sie brachte es fertig, sagt der Dichter, vom Spiegel wegzutreten, ohne ihr Gesicht bemalt zu haben. Lucrezia Tornabuoni, Lorenzo de' Medicis Mutter, war ein Muster an Vernunft und Bildung wie Cornelia, die Mutter der Gracchen. Solche Mütter unterrichteten ihre Söhne in der Kunst der Herrschens und lehrten sie zuerst Selbstbeherrschung. Frauen wie diese sind in den Büsten von Mino, Desiderio und Verrocchio verewigt. Es wird manchmal behauptet, die Büsten seien Kopien nach der Antike; doch es spricht vieles dafür, daß sie nach lebenden Modellen angefertigt wurden.

Während Brunelleschi und Donatello, der seine Mutter bei sich hatte, ein einfaches und für damalige Begriffe naturgemäßes Leben führten, legte Michelangelo mit seinen Lebensgewohnheiten, die Symonds »abstoßend« nennt, seine Verachtung der Natur und des Menschen an den Tag. Sein Vater hatte ihm verboten, sich jemals zu waschen (»Laß dich abreiben, aber wasche dich nicht!«), und er scheint dieses Gebot gewissenhaft befolgt zu haben. Gewöhnlich behielt er seine langen Ziegenlederstiefel auch im Bett an den Füßen und wechselte sie nie, so daß, als er sie schließlich einmal ausziehen mußte, seine Haut darin hängenblieb. Er muß fürchterlich gerochen haben, und zweifellos hat auch seine Gesundheit unter dieser Lebensweise gelitten, zumal er äußerst knauserig gegen sich selbst war. Bei der Arbeit pflegte er nur ein paar Brotrinden zu essen. In seiner trockenen, kurzangebundenen Art schrieb er an seine Verwandten nur über Geldangelegenheiten und schloß jedesmal mit den Worten: »Weiter habe ich nichts hinzuzufügen.« Obwohl er sich viel im Freien aufhielt, wenn er in den Bergen neue Steinbrüche anlegte und zu Pferde von einem Projekt zum anderen eilte, hatte er keinen Sinn für die Landschaft – lediglich für Landbesitz. Bei Symonds heißt es, er sei von »absoluter Gefühllosigkeit« gegenüber schönen Dingen wie Schmuck, Blumen, Bäumen, Landschaften gewesen. Doch diese Gleichgültigkeit dem Schönen gegenüber machte ihn nicht, wie die Stoiker des Altertums, fühllos gegen den Schmerz.

Er war sehr eifersüchtig auf andere Künstler, besonders Leonardo, Raffael und Bramante, und all seine Unstimmigkeiten mit Papst Julius II. schob er auf die Machenschaften seiner Konkurrenten, die sich, wie er glaubte, zwischen ihn und den Papst gestellt hatten, um ihn an der Vollendung der berühmten Grabmäler zu hindern. In einem Brief schrieb er: »Aller Streit zwischen Papst Julius und mir ist aus dem Neid

Bramantes und Raffaello da Urbinos entsprungen; und das war der Grund, weshalb ich das Grabmal nicht vollenden konnte, solange er am Leben war. Sie wollten mich zugrunde richten. Raffaello hatte in der Tat guten Grund dazu; denn alles Können, das er besaß, hatte er von mir.«

Es mag sein, daß Michelangelo recht hatte. Dieser stolze, furchtlose Mann muß von seinen Rivalen und seinen Untergebenen sehr gehaßt worden sein. Doch verbitterte er sich das Leben selbst mit Eifersucht und Verdächtigungen, und mit seinen Augen gesehen war sein gesamtes Werk nur eine Reihe von Fehlschlägen und sinnlosen Versuchen. Den nackten Figuren in seinem »Jüngsten Gericht« zog man Hosen an, seinen »David« versah man mit einem Feigenblatt. Man ließ ihn Papst Julius' Grabmal nicht vollenden. Man (Bramante) zerschlug sein Projekt für die Peterskirche. Man schmolz die riesige Statue von Papst Julius ein, die er in Bologna für die Fassade von San Petronio gemacht hatte. Man wollte ihn in Pietrasante nicht Steine brechen lassen, man erlaubte ihm nicht, die Fassade von San Lorenzo auszuführen, die er zu »einem Spiegel der Architektur und Bildhauerei ganz Italiens« hatte machen wollen. Dieses »man« umfaßte nicht nur Bramante und Raffael, sondern auch Päpste und Prälaten, Arbeiter und Lehrjungen, die Bevölkerung von Bologna, die Florentiner Regierung, Tizians Freund Aretino – kurz, alle außer ihm selbst, die ganze feindselige Menschenwelt, die sich nicht wie das leblose Marmor- und Bronzematerial seinem Willen fügte. Und es traf alles mehr oder weniger zu; er wurde nicht nur von der »natürlichen« Minderwertigkeit anderer verfolgt, sondern auch von unerbittlichem Pech. Die Mißgeschicke, die seinen Werken zustießen (zum Beispiel brach ein Arm des »David« ab, als während eines Tumultes auf der Piazza della Signoria Steine aus den Fenstern des Palastes geschleudert wurden), scheinen von der Natur beabsichtigt, so als wollte sie – auf dem Umweg über die Leidenschaften der Menschen – ihren Widerstand gegen die Tyrannei des Genies Michelangelo zeigen.

Der Florentiner Ehrgeiz, immer an der Spitze stehen zu wollen, überschritt in der Person Michelangelos alle Grenzen, und seine Leiden im Zusammenhang mit diesem Ehrgeiz waren maßlos. Unter allen lebenden Konkurrenten ließ er höchstens Gott als ebenbürtig gelten, und seine letzten, sich lange hinziehenden und nie vollendeten Arbeiten waren alle als Metaphern zum Schöpfungsakt gedacht. Solches Wetteifern mit Gott war wirklich vermessen. Alles, also die ganze Schöpfung, war gegen Michelangelo: die Berge, denen er den Marmor zu entreißen versuchte wie ein Zahnarzt, der vorsichtig und geschickt einen Zahn zieht, die Flüsse, die Menschen. Der Grund, weshalb so viele seiner Werke unvollendet geblieben sind, ist derselbe wie bei Leonardo: kein einziges konnte seinen unermeßlichen Ehrgeiz befriedigen. Vollkommenheit läßt sich nur innerhalb bestimmter Grenzen erreichen.

6

Die Palette der großen Florentiner Neuerer ist entschieden herbstlich-frostig. Die braunen Franziskanergewänder, die grauen Patriarchenbärte der Heiligen, der aschfarbene Körper des Gekreuzigten, graue Felsplatten, Eremiten in brauner Wüsteneinsamkeit durchdringen die Malerei des Trecento mit einer Kühle, die noch in den Rost-, Grau- und Sepiatönen Masaccios zu spüren ist und auch im Purpurbraun Andrea del Castagnos und dem lohfarbenen Orange und Rotbraun Michelangelos. Genauso hartnäckig hält sich in Florenz der letzte Rest der Winterkälte in den dicken Steinmauern der Paläste, die sich in manchen engen, schattigen Gäßchen selbst im Hochsommer noch kalt und feucht anfühlen. Eisen und Rost waren den Seelen der Künstler vertraut. Masaccios zitternder Knabe, der am Flußufer auf die Taufe wartet, Adam und Eva, die nackt und schreiend aus dem Paradies in die kalte Welt getrieben werden, stehen für das ganze verlorene, aller Unbill ausgesetzte Menschengeschlecht, das nackt ist wie ein winterkalter Baum. Abgefallene Blätter, kahle Zweige, versengtes Gras – daran denkt man bei der Farbskala dieser Meister. Uccellos bevorzugtes Bindemittel, *terra verde*, erinnert an grünliche Felder im Rauhreif. Leonardos braunhäutige Zauberinnen sitzen in blaugrünen nordischen Grotten, und die kräftigen Farbtöne der Brüder Pollajuolo sind düster verschattet. »Pollajuolo«, bemerkte einmal ein Florentiner und deutete auf eine Schüssel voller kleiner, schrumpliger grüner Feigen aus der zweiten Ernte, wie sie dort gegen

Ende September auf den Tisch kommen, und »Pollajuolo« sind auch die letzten samtigen Dahlienbällchen in Gelb, Weinrot und Purpur, die in den Blumenläden stehen. Dann kommt die *vendemmia,* dann werden die reifen Trauben eingebracht. »Gelb und schwarz und bleich und hektisch-rot, mit Pestilenz geschlagene Massen« – Shelley dichtete seine »Ode an den Westwind« im Cascine, zwischen traurig herabtaumelnden Herbstblättern. Dabei ist der späte September die schönste Zeit in Florenz. Grün und golden blinkt San Miniato in der untergehenden Sonne, die drei honigfarbenen Bögen der Ponte Vecchio rahmen tiefblaue Ferne ein. Die steinerne ockerbraune Stadt schimmert golden wie ein Apfel aus den Gärten der Hesperiden gegen die Zypressen und Olivenbäume an den Berghängen, und wie Zugvögel verlassen die Touristen die Stadt.

Auch der Mai kann in Florenz eine wunderschöne Zeit sein, doch er ist wankelmütig. Manchmal regnet es tagelang ohne Pause, ein häßlicher Wind weht, und man holt die bereits weggepackten Winterkleider wieder hervor, die schon nach Mottenpulver riechen. Trotzdem ist der Mai der klassische Monat von Florenz. Den Mai in Florenz zu verbringen ist das höchste Ziel vieler Ausländer. Gerahmte Reproduktionen von Botticellis »Geburt der Venus« und »La Primavera« verlocken zwischen Lederwaren und Leinen am Arnoufer den Fremden zum Kauf. Die Stadt wartet mit einem »Maggio musicale« auf – einem Konzert- und Opernmonat, der sich in Wirklichkeit noch über den ganzen Juni und Juli erstreckt. Eine Blumenschau wird veranstaltet, und jeden Donnerstag verschönt der große Blumenmarkt die sonst so häßliche Piazza della Repubblica mit Unmengen von Begonien, Gloxynien, Gardenien, Geranien und Hortensien. Azaleen blühen in Kübeln vor den Türen vieler Villen, und in Fiesole und Settignano schlägt die Nachtigall. Das maifrische

Florenz hatte auch seine Maler: Bernardo Daddi, Fra Angelico, Fra Filippo Lippi, Benozzo Gozzoli, Verrocchio, Botticelli – die Blütenmaler, deren Werke um die Jahrhundertwende so beliebt waren. Der vor sechzig Jahren geprägte volkstümliche Begriff von Florenz beruht auf den Werken dieser Meister, und er ist auch durchaus nicht ganz irreführend. So wie es Guelfen und Ghibellinen, Schwarze und Weiße gab, so gab es auch in der Florentiner Malerei zwei deutlich unterschiedene Richtungen. Die eine war streng, majestätisch, herbstlich, manchmal geradezu rauh und hart – guelfische Malweise könnte man sie nennen, die mit Giotto begann und sich über Orcagna, Masaccio, Uccello, Andrea del Castagno, Antonio Pollajuolo, Leonardo und Michelangelo fortsetzte –, die andere Richtung war blumig, frühlingshaft: ghibellinische Malerei, ausgesät von Siena her und zuerst zur Blüte gelangt in Bernardo Daddi, dann in Fra Filippo, Verrocchio und schließlich in Botticelli.

Man kann es auch so ausdrücken: Die Florentiner Malerei, die weitgehend herb, schlicht und leidenschaftslos war, hatte hin und wieder eine Schwäche für das Zarte, Hübsche. Oder: Die Florentiner Malerei schwang zwischen zwei Bildern hin und her, die entgegengesetzte Pole darstellten, einerseits die Kreuzigung und der lehmfarbene Körper Christi, andererseits die Verkündigung. Zwar hat auch Fra Angelico Kreuzigungsbilder gemalt, die sehr bewegend sind, und Leonardo Verkündigungen, und es trifft auch zu, daß Giottos Farben – silbriges Rosa, Goldgelb, strahlendes Weiß – frischer und stärker leuchten als die Eisen- und Rosttöne der auf ihn folgenden großen Meister; daß Uccello von beiden Richtungen etwas hatte (sein »Ritter Georg mit dem Drachen« im Musée Jacquemart André in Paris ist ein Beispiel für die seltsame »ghibellinische« Auffassung) und daß Piero della Francesca, der nach seiner Lehrzeit allerdings nicht mehr in Florenz gemalt hat, zu keiner der beiden Kategorien gerechnet werden kann. Und doch, trotz all diesen Ausnahmen, ist der Kontrast augenfällig. Ein Riß läuft durch die Florentiner Malerei und wird im Verlaufe des Quattrocento immer größer, bis er sich zu einer regelrechten Spaltung ausgewachsen hat. Es ist auch keine Frage der Schulung. Michelangelo, ein Maler der strengen Richtung, hatte in der Werkstatt Ghirlandajos gelernt, der ein Meister des sanften Genres war; Andrea del Castagno, der seine brutalen schwarzbraunen Gestalten mit einer gewissen modischen Großtuerei umgab, hat zeitweise Botticelli beeinflußt; Fra Angelico hat von Masaccio gelernt.

Die »guelfischen« Kunstwerke gleichen der steinernen Stadt Florenz, während die »ghibellinischen« der toskanischen Landschaft im Mai ähneln. Hier findet man die immergrünen, betauten Wiesen mit bunten Blumen oder die umzäunten Gärten mit Rosenbüschen, Orangenbäumen und Zypressen oder einer Loggia mit rosa Säulen und Narzissen und einem Stückchen eingefaßten Weges im Hintergrund. In dem Gärtchen – oder auf der Wiese – sitzt eine Jungfrau, die Madonna, mit dem Himmelskind auf dem Schoß. Die fliesenbelegte Loggia ist der Schauplatz der Verkündigung, die ein lichter Engel mit schneeweißen, feurig überhauchten Schwingen überbringt. Die Loggia kann sich auch in ein hübsches Schlafgemach verwandeln, das mit Büchern, einem Lesepult, mit Blumentöpfen und einem Baldachin über dem Bett ausgestattet ist, und die Jungfrau auf der Wiese kann zur Nymphe oder neugeborenen Göttin werden. Unter dem Pinsel des begnadeten Angelico wurde die Landschaft vielleicht auch zum Paradies, wo die Jungfrau vom Heiland gekrönt wird und Engel auf goldenen Trompeten blasen.

Doch die Umwandlung ins Paradies vollzog sich unmerklich; denn es war ein irdisches Paradies, in dem die Jungfrau wohnte, und der Himmel selbst mit all seinen Engelschören konnte nicht heller und fröhlicher sein als der toskanische Frühling.

Heute ist der größte Teil der Toskana landwirtschaftlich genutzt, bebaut und zurechtgestutzt. Der Frühling breitet ein zartes Muster in vielfachen Grüntönen über die Landschaft: Gelblichgrün ist der junge Mais und Weizen, blaugrün der Roggen, dazwischen marschieren wie Truppen im Frühlingsmanöver lange Reihen silbriggrüner Olivenbäume und gelbgrüner Feigenbäume, schwärmen blaugrüne, mit Kupfersulfat besprühte Weinstöcke aus, während die schwarzgrünen Pinien und Zypressen auf Hügelrücken und an Abhängen Wache stehen und ihr markantes Profil sich gegen den hellblauen Himmel abzeichnet. Es gibt jedoch auch heute noch blumige Wiesen in dem höher gelegenen Mugello und Casentino und im Chianti, nicht weit von Arezzo. Man findet sie an entlegenen Hochstraßen, die durch Wälder voller Eichen, Buchen und Kastanien führen. Diese Märchenwiesen sehen genauso aus, wie die Maler des Quattrocento sie darstellten: wie dicke Teppiche aus Gras und wilden Blumen, rotem Mohn und blauer Iris, tiefrosa wilden Gladiolen, rosa und violetten Anemonen, haarigen Traubenhyazinthen, Gänseblümchen, Kornblumen, Flachs, Primeln, Akeleien und Glockenblumen, Erdbeerblüten, wilden Orchideen, dem schön blühenden grünweißen wilden Knoblauch. Anfang Mai hat noch keine Sense sie berührt. Man trifft in diesen Gegenden kaum auf einen Menschen und hört nichts als den Ruf der Schwalben und das entfernte Rauschen eines Wasserfalls. Die Holzfäller sind schon fort. Diese überreichen Wiesen blühen ganz um ihrer selbst willen, fern von den Menschen wie die Sterne am Himmel. Wie Sterne, die auf die Erde fallen, sehen auch die Blüten aus, die Flora auf Botticellis berühmtem »Primavera«-Bild verstreut, oder die flauschigen rosa Blumen, die bei der »Geburt der Venus« durch die Luft segeln und ins sanftgekräuselte Meer fallen.

Die Welt der Frühlingsmaler ist demnach gar keine Märchenwelt. Sie ist durchaus real, aber nutzlos und deshalb zerbrechlich, stets gefährdet, flüchtig, vergänglich. Wollte man sie benützen, so müßte man sie zerstören – Vieh auf die Blütenwiesen treiben oder den bunten Teppich mit dem Pflug umbrechen. Das nutzbare toskanische Bauernland mit seinen gerade ausgerichteten Hecken und Feldern, kegelförmigen Hügeln, weißen Straßen und milchigen Flüssen gehört zu Piero und Baldovinetti, den Landvermessern und Raumbeherrschern, und die grüneren, samtigeren Partien mit tieferen Tälern und glasklaren Flüssen sind das Gebiet Pollajuolos und Leonardos, der in der Maisgegend bei Empoli aufgewachsen ist. Auch Fra Angelico hat in säuberlichem Puppenstubenmaßstab Ansichten gemalt, in denen die toskanische Bauernlandschaft in all ihrer geometrischen Ordnung erscheint. In Fra Angelicos Welt ist wie in jedem guten Kloster nicht all und jedes der Anbetung geweiht, am Rande gibt es auch Küchengärten und handfeste Hauswirtschaft. Botticelli, der die Bewegtheit liebte, war der Meister der ätherischen Waldwiesen, die er mit Nymphen, Göttinnen, Wind- und Luftgeistern und Grazien bevölkerte, jenen halballegorischen Wesen, an die ja niemand mehr glaubte.

»Emigranten« hat Pater diese unirdischen Phantasiegeschöpfe genannt, die immer wirken, als seien sie eben erst auf der Erde angekommen. Ein zeitgenössischer Kritiker spricht von Figuren, die aus dem wirklichen Raum in den »abgeschlossenen Garten« Botticellischen Gefühls versetzt worden sind. – Die toskanische Villa, die ursprünglich ein befestigtes Bauernhaus war, wurde nun gleichsam zur Laube der Wonne, einem Ort freiwilliger Verbannung aus der Stadt mit ihrem Stein und Eisen, den Kaufmannshäusern und gepflasterten Plätzen. Besonders die reichen, hochmütigen Bürger der Mittelklasse, die »fetten *popolani*«, leisteten sich diesen Luxus. Ihnen folgte mehrere hundert Jahre später eine neue Gesellschaft wohlhabender »Flüchtlinge«, die Ausländer, die in die Villen bei Fiesole einzogen. Für ein Lusthaus in Castello, das Lorenzo di Pierfrancesco de' Medici gehört, schuf Botticelli die »Primavera« und die »Geburt der Venus«.

Reichliche Verwendung von Gold kennzeichnet alle Frühlingsmaler. Man gewinnt den Eindruck, als seien alle Gulden von Florenz eingeschmolzen worden, damit Botticelli die Frisuren seiner Madonnen und Göttinen mit all den schweren Ringeln und Arabesken in Gold ausführen oder Fra Angelico die feinen Goldfäden für die Flechten seiner Jungfrauen daraus spinnen konnte. Zarte Farben herrschen vor, Rosa, Malve, helles Grün, Lavendel, Violett, Karmesin – wohlriechende Farben könnte man sie nennen, Extrakte aus Blumen. Fra Angelicos Palette, die etwas härter und weniger duftig als die der anderen war, läßt manchmal an ein gelbes Weizenfeld voller Mohn und Kornblumen denken, und hin und wieder – zum Beispiel in den Fresken, die er für die Mönchszellen von San Marco malte – ähnelt sie mit ihren Weiß- und Brauntönen der ernsten Farbskala Giottos. Bei den Maimalern gibt es nur sehr wenige brünette Madonnen, und der schwere toskanische Unterkiefer auf älteren Bildwerken, der noch bei einzelnen Madonnen und Engeln von Giotto zu finden ist, verschwindet wie ein Kennzeichen bäuerlicher Abkunft. Die Farben der Haut sind Rosa und Elfenbein in wunderbarer Transparenz. Den Madonnen Bernardo Daddis, die noch die schwarzen Trecento-Gewänder über ihren rosa Unterkleidern tragen, verleiht das fast sichtbare Pulsieren des Blutes im Verein mit dem vollen, runden Hals und Gesicht ein sehr gefühlvolles Aussehen. Die Wangen sind von warmem Rot, und die langen hellen Augen schimmern feucht. Runde Karmesinflecken, die Zeichen von Aufregung, treten auf den Wangen der kleinen Madonnen von Fra Angelico hervor, so daß sie den kecken angemalten Backfischen der zwanziger Jahre ähnlich sehen.

Nach Fra Angelico und Gozzoli fließt das Blut dann nicht mehr so lebhaft, und im weiteren Verlauf des Quattrocento werden die blonden Jungfrauen blasser und blasser, als seien sie inzwischen erschöpft, bis schließlich Botticellis junge Madonnen regelrecht bleichsüchtig aussehen. Ihre verschleierten, blumengleichen Köpfe sinken blaß und schwer an den schlanken Stengeln ihrer Hälse hernieder. Die »Madonna mit dem Granatapfel« in den Uffizien könnte man mit einer schwachen Persephone vergleichen, die nach dem Winter im Hades eine Erholungskur nötig hat. Diese Blässe oder Bleichsucht gehörte aber besonders damals zum Lebensfrühling, der für die Gesundheit eine sehr gefährliche Zeit war. Damals schrieb Lorenzo de' Medici sein »Quanto bella la giovinezza, Che si fugge tuttavia . . .«, und viele schöne Mädchen starben jung.

Jugend und Liebe sind die Themen dieser Maler, sei es die himmlische Liebe bei Fra Angelico oder die irdische bei Fra Filippo Lippi, dem anstoßerregenden Mönch, der nach mancherlei Eskapaden schließlich mit einer Nonne davonlief, der schwarzäugigen, sinnlichen Madonna, die er in einem Konvent zu Prato kennengelernt hatte. – Das ganze Quattrocento hindurch spielt der Mittelpfeiler im Verkündigungsbild annähernd die Rolle eines Maibaums, um den tanzende Jünglinge und Mädchen in blütengeschmücktem Brokat ihre Bänder winden könnten. Botticellis Figuren, ganz gleich, ob sie in heiligem oder profanem Zusammenhang stehen, sind immer zu zweien angeordnet in einem durchflochtenen Muster, als ständen sie in einem ländlichen Reigen einander gegenüber. Die fließende Bewegung dünnen Stoffes, der sich über einem schöngeformten nackten Körper bauscht, taucht zuerst bei Fra Filippo in dem riesigen Fresko »Das Bankett des Herodes« auf, das sich im Chor des Domes zu Prato befindet und auf dem Salome schlicht und fast bescheiden vor einem gigantischen dunklen Tetrarchen und seiner drohenden Soldateska ihren Schleiertanz tanzt, während in einem großen schimmernden Becken das Haupt des Täufers hereingebracht wird.

Die frei tanzenden Grazien auf Botticellis »Primavera«-Bild wiederholen auf ihrer Waldwiese den Tanz der Salome. Durchsichtige Schleier, liebkosend wie ein leichtes Lüftchen, spielen über gerundeten nackten Schenkeln, schlanken Taillen und Beinen. Doch hier im Freien auf dem Blütenteppich ist alles unschuldig; der Schatten der Bluttat, der Druck der Wände, in denen die Leidenschaften eingeschlossen sind, berühren nur Salome, nicht die Grazien, und die dünnen Schleier, die sich um sie schmiegen, sind desselben makellosen Ursprungs wie das dünne Unterkleid der Madonna. Durchsichtige Chiffonschleier, die manchmal über die weiche Wange der Jungfrau fallen und sich manchmal um einen biegsamen nackten Körper kräuseln, wurden in der zweiten Hälfte des Quattrocento fast zur Signatur der Florentiner Schule. Oft sieht man sie im Basrelief, besonders bei Arbeiten von Agostino di Duccio, dem sinnlichsten aller Florentiner Bildhauer, der den als »Gigant« bekannten Marmorblock verdarb, aus dem Michelangelo später seinen »David« machte. Seine feinsten Arbeiten, die aussehen, als könne der Marmor im Winde wehen, befinden sich nicht in Florenz, sondern in Urbino und Rimini, wo kunstliebende Tyrannen sich von ihm einen Palast und eine Privatkapelle ausschmücken ließen.

Die ausschweifendsten und luxuriösesten Ergebnisse der Florentiner Kunst finden sich größtenteils außerhalb der drei festen Mauerringe der Stadt, obgleich manche, wie zum Beispiel die »Primavera« und die »Geburt der Venus«, von ihrem ursprünglichen Platz entfernt worden sind. Fra Filippos Meisterstück ist in Prato, der wohlhabenden, etwas ungebildeten und materialistischen Wollstadt, in der er geboren wurde. Und in ganz Florenz gibt es nichts, was mit dem *pergamo* tanzender Putten verglichen werden kann, den Michelozzo und Donatello gemeinsam für den Dom von Prato schufen. Dieser *pergamo* ist eine überdachte Kanzel, außen an der schwarz-weiß gestreiften Kathedrale. Von hier aus wird an bestimmten Festtagen dem Volke unten auf der Piazza ein Gürtel gezeigt, von dem es heißt, er habe der Madonna gehört. Wie der Gürtel nach Prato gekommen ist, erzählt ein Fresko in einer Reliquienkapelle des Doms. Es ist von Agnolo Gaddi gemalt, einem gotischen Maler des Trecento. Als die Madonna gen Himmel fuhr, warf sie ihren Gürtel dem heiligen Thomas zu, der ihr zusammen mit den anderen Aposteln nachsah. Als seine Zeit kam, vertraute Thomas den Gürtel einem alten Priester an, dessen Tochter Maria einen Ausländer liebte, Michael Dagomari aus Prato, der als Kreuzfahrer ins Heilige Land gekommen und dann als Kaufmann dort geblieben war. Das Paar reiste wohlbehalten übers Meer und kam nach Prato. In einem kleinen Binsenkorb trug das Mädchen seine Mitgift bei sich: den Gürtel der Madonna. – Der Balkon, den Michelozzo und Donatello für die Ausstellung der Reliquie bauten, ist eine fast orientalisch anmutende Phantasie. Eine einzige Säule stützt in der Mitte den großen Baldachin, dessen feine Steinschnitzerei aus der Entfernung wie geprägtes Leder wirkt. Außen an der Brüstung befindet sich ein Marmorfries tanzender Kinder, der einen reizvollen Kontrast zu dem orientalischen Baldachin bildet. Dies reine Renaissance-Kunstwerk harmoniert gerade durch die Üppigkeit und die Anordnung seiner Einzelheiten – Pilaster, Sims, Kragsteine, Bronzekapitell – auf merkwürdige Weise mit der reichen, halborientalischen Pisaner Romantik der Kathedrale. Ebenso paßt es zu der Legende vom Mariengürtel, dem Kaufmann aus Prato im Heiligen Land und der Tochter des orientalischen Priesters. In Florenz war man, wie Burckhardt feststellt, Reliquien gegenüber ziemlich gleichgültig. Das beruhte ohne Zweifel weniger auf Skepsis, sondern eher auf dem Unbehagen, das die Florentiner bei allem Gepränge und Zurschaustellen empfinden. Trotzdem kam 1312 ein Mann aus Prato auf den Gedanken, den geheiligten Gürtel zu stehlen und an die Florentiner zu verkaufen. Er wurde mit dem Tode bestraft, und fortan bewahrte man den Gürtel sicher in einer Reliquienkapelle auf.

Die Geschichte von dem Gürtel ist eine der seltenen frommen Legenden, in denen von einem Liebespaar die Rede ist und sogar von einer Entführung, denn das Mädchen lief dem alten Priester fort, der gegen diese Verbindung war; und vielleicht ist der Kult um den heiligen Gürtel gerade deshalb in der Toskana so volkstümlich.

Die toskanischen Balladen, *stornelli* (Kehrreime) genannt, drehen sich im Gegensatz zu anderen Volksliedern nicht um irgendwelche geschichtlichen Begebenheiten, um Kriege, Heerführer und Herrscher. Das ist eine verwunderliche Tatsache, vor allem, wenn man bedenkt, mit wie vielen Ortsnamen des entlegenen *contado* Erinnerungen an Schlachten verbunden sind (Montelungo, Montaperti, Altopascio, Campaldino, Gavinana, Montecatini Alto) und daß ein Wein aus Brolio, der letzten Bastion der Florentiner gegen Siena, Arbia heißt nach dem Fluß, der sich an dem schrecklichen Tage von Montaperti vom Blute rot färbte, als ein Verräter im Heer dem Florentiner Fahnenträger die Hände abhackte und darauf Manfreds deutsche Ritter mit ihren ghibellinischen Verbündeten aus Siena, Lucca und Cortona zehntausend Florentiner abschlachteten. Es gibt kaum einen Gebirgspaß, einen Hügel oder einen Fluß, der nicht zumindest von einer Belagerung oder irgendeiner verräterischen Tat erzählen könnte.

Die Erinnerungen daran sind noch heute lebendig, und doch ist nichts von alledem in die Lieder der Landbevölkerung übergegangen wie zum Beispiel in Frankreich die Kriegführung Ludwigs XIV., die in dem Liebeslied »Auprès de ma blonde« eine Rolle spielt. Wenn es in der Toskana jemals solche Lieder gegeben hat, so sind sie ausgelöscht und haben weniger Spuren hinterlassen als die Ritterburgen, die in den Befriedungskriegen zerstört worden sind. Die toskanischen Volkslieder sind sehr persönlich, sehr wehmütig und leidenschaftlich. Ein Bursche singt vor dem Haus seiner Liebsten, und sie antwortet ihm durch das Fenster. Oder er geht fort, und sie schaut ihm nach, während sie am Fenster sitzt und näht. Diese einfachen Kehrreimstrophen, die nur von armen Leuten und ihren unschuldigen Liebesangelegenheiten erzählen, vom Einandertreffen, Abschiednehmen, Warten und Sehnen, haben nichts Bäurisch-Derbes an sich. Sie sind so rein und schön und würdevoll wie das Baptisterium in Florenz.

In der Stadt Florenz ist den Menschen trotz ihrer intensiven Hingabe an Gesinnungsfragen immer Zeit für die Liebesleidenschaft geblieben; ja, diese Empfindung wurde durch die temperamentvolle Auseinandersetzung mit Politik und Religion eher noch gefördert. Das ist zu erkennen in der »Göttlichen Komödie«, in der die Glut des Dichters für die Madonna, für das Paradies und die ideale Stadt genährt wird von Entrüstung, Strenge und Sorge, begleitet ist von Verwünschungen gegen die wirkliche Stadt und alle ihre Nachbarn. In der Literatur gibt es nur eine Parallele zu dieser Mischung aus Liebe, Theologie und Kritik am herrschenden System: »Krieg und Frieden« von Tolstoj, der mit seiner puritanischen Leidenschaftlichkeit auch einen guten Florentiner abgegeben hätte. »Donne ch'avete intelleto d'amore« – Dante (in »Vita Nuova«) und Petrarca (in seinen Sonetten an Laura) gaben in der Liebesdichtung einen neuen Ton an, der in Europa bis zum 16. Jahrhundert und länger gültig blieb. Die derbere Art der Liebe ist in reicher Vielfalt bei Boccaccio zu finden, der in seiner Art auch zum Vorbild wurde mit seinen frei und unbeschwert erzählten Geschichten, die – fast wie Opern – stets eine auserlesene Besetzung mit Sopran, Alt, Baß und so weiter hatten. Zwischen Dante und Boccaccio, zwischen Fra Angelico und Fra Filippo ist der Begriff der Liebe von einem Pol bis zum andern gespannt. In Florenz hat man im Laufe der Zeiten jede Form der Erotik durchprobiert.

Dieses übersensible Volk, dessen Gefühle von all den anfeuernden Reden auf der Piazza und eifernden Predigten in der Kirche immer wieder in Wallung gebracht wurden, war auch sexuell sehr leicht erregbar. Das ist die Überraschung, die Florenz hinter der strengen Fassade seiner Gebäude bereithält und die dazu beiträgt, das Mysterium des Florentiner Charakters zu erhellen, die wankelmütige Gesinnung, die Bereitschaft, sich bekehren zu lassen, das Schwanken zwischen rationalem Denken und Aberglauben und schließlich jene »tastbaren Werte«, die Berenson in der Florentiner Malerei entdeckte und zur Grundlage seiner Ästhetik machte. Was die Florentiner Kunst besonders kennzeichnet, ist ihre außerordentliche Plastizität, und das war offensichtlich auch das hervorstechendste Charakteristikum des Staatskörpers Florenz, der so sehr dem Athener Staat ähnelte: Er war formbar, dehnbar, schmiegsam. In Athen und Florenz, diesen beiden großen, vom Unheil verfolgten Städten, war der Eros allgegenwärtig, dort wie hier kam er in der Kunst zum Ausdruck und hatte Formen angenommen, die auf direktem Wege die Sinne ansprachen.

Religiöse Ausbrüche waren in Florenz oft bacchantischer Natur. Das puritanisch-fanatische Volk, das Savonarola anhing, war nicht immer auf Brandstiftung und Bilderstürmerei aus. Hin und wieder gerieten die Massen in einen Freudenrausch. Sie drängten nach der Predigt des Mönches aus der Kirche ins Freie, schrien »Viva Cristo!« und sangen Hymnen. Sie faßten sich bei den Händen, Bürger und Mönche bunt gemischt, und tanzten in einem großen Kreis auf der Piazza. Ein besonders eifriger Anhänger Savonarolas hatte eine Hymne verfaßt, die bei solchen Anlässen besonders gern gesungen wurde.

Der Text ist sehr schwierig zu übersetzen, weil in der Mitte der Strophe ein Wechsel vom Vokabular der irdischen zu dem der himmlischen Liebe stattfindet. Er bedeutet ungefähr: »Nie gab es schöneren Trost, nichts macht fröhlicher, als aus Begeisterung und Liebe für Jesus närrisch zu werden. Ruft alle mit mir: Immer närrisch, närrisch, närrisch!«

Non fu mai'l più bel solazzo,
Più giocondo ne maggiore,
Che per zelo e per amore
Di Gesù diventar pazzo.
Ognun' gridi com'io grido,
Sempre pazzo, pazzo, pazzo.

Savonarola selbst hatte erst nach einer sehr unglücklichen Liebe zu Gott gefunden. Als er in jungen Jahren in seiner Heimatstadt Ferrara Medizin studierte, verliebte er sich in eine Tochter der Strozzi, die dort unter dem Schutz des Herzogs Borso d'Este im Exil lebten. Die stolzen Strozzi waren gegen eine Heirat, und Savonarola soll zwei Jahre gebraucht haben, bis er seine Enttäuschung überwunden hatte. Das war die erste Wunde, die Florentiner ihm schlugen. Das zweite Mal war es ganz Florenz, das sich unter dem Einfluß des Papstes Alexander VI., eines Borgia, plötzlich gegen ihn wandte, nachdem es ihn so lange verehrt und geliebt hatte. Die Franziskaner von Santa Croce forderten ihn auf, sich einem Gottesurteil zu unterwerfen. Zuerst willigte er ein, dann weigerte er sich, was seinem Ansehen schadete. Man erinnerte sich, daß im Jahre 1068 der demütige Vallombrosanermönch Pietro Igneo, ermutigt von dem großen Reformator San Giovanni Gualberto, unversehrt durch das Feuer geschritten war und so der riesigen Zuschauermenge bewiesen hatte, daß seine Gegner Simonisten waren. Auf päpstlichen Befehl ließ die Signorie Savonarola ergreifen und foltern, um ein Geständnis zu erzwingen. An einem Tage wurde er vierzehnmal auf die Folterbank gebunden. Die päpstliche Anweisung lautete, man solle »Savonarola hinrichten, selbst wenn er ein zweiter Johannes der Täufer wäre«. Die Anweisung wurde befolgt. Gemeinsam mit zweien seiner Schüler wurde er gehenkt und dann auf der Piazza della Signoria verbrannt, an derselben Stelle, wo er die falschen Haare, weltlichen Bilder und unzüchtigen Bücher hatte verbrennen lassen.

Savonarola hatte *canzoni* gedichtet, die nicht alle geistlichen Inhalts waren. Sie wurden zu leichtsinnigen Karnevalsmelodien gesungen. Davor hatte im 14. Jahrhundert die religiöse Bewegung der Franziskaner die Stadt mit Musik erfüllt. Die Bettelbrüder sangen auf den Straßen und Plätzen wie die reisenden Spielleute und Gaukler in Pian de' Giullari vor der Stadtmauer. In der Franziskanerkirche Santa Croce war eine große Musikschule, in der außer geistlicher und weltlicher Musik auch Rhetorik, Fechten und Tanz gelehrt wurden. Am anderen Ende der Stadt, in Santa Maria Novella, hatten die Dominikaner eine Konkurrenzschule mit dem gleichen Lehrplan eröffnet. Ein Florentiner Mönch namens Guido hatte im 11. Jahrhundert den musikalischen Begriff »Note« *(nota)* geprägt. Die Liebeslieder der Toskaner – *canzoni, ballate,* Rundgesänge und Villanellen –, die auf die Troubadourgesänge der Provence und den Minnegesang am Hofe Friedrichs II. in Sizilien zurückgingen, wurden als *ars nuova* im Jahre 1322 mit einer päpstlichen Bulle von Johannes XXII.

verdammt. Der berühmteste Komponist der *ars nuova* war der blinde Florentiner Francesco Landino, den man in Venedig mit Lorbeer bekränzt hatte, als er mit seiner kleinen Handorgel mit den acht vergoldeten Pfeifen dort erschienen war. Lorenzo de' Medici pflegte zur Karnevalszeit an der Spitze einer tanzenden Schar durch die Straßen zu gehen und die ausschweifenden Lieder zu singen, die er gedichtet hatte. Im Jahre 1283, einem Jahr des Wohlstands für Florenz, gab das Geschlecht der Rossi ein Fest für tausend Gäste, das zwei Monate dauerte. Alle Teilnehmer mußten weiß gekleidet sein. Die Medici-Söhne Giuliano und Lorenzo hielten auf der Piazza Santa Croce Turniere ab, die weithin berühmt waren.

Nach Machiavellis Berichten verbrachte zu Lorenzos Zeiten der junge Florentiner all seine Zeit mit Spiel und Frauen, und »sein Hauptziel war, eine möglichst glänzende Erscheinung und ein möglichst gewandter Plauderer zu sein«. Ein solcher *giovanotto* muß der allerdings schon zweiunddreißigjährige Francesco de' Pazzi gewesen sein, einer der Rädelsführer in der Pazzi-Verschwörung, ein unverheirateter Dandy, eitel, hochmütig, argwöhnisch und leidenschaftlich. Die Geschichte der Verschwörung – oder vielmehr die Schilderung von Francescos sonderbarem Benehmen – vermittelt einen Eindruck von der glühenden, tollen Wildheit, die unter der Oberfläche glatter Gewandtheit verborgen war. Die Verschwörer planten, die beiden jungen Medici, Lorenzo und seinen anmutigen Bruder Giuliano, am Sonntag beim Hochamt im Dom zu ermorden. Das Zeichen zum Losschlagen sollte der Augenblick sein, wo der Priester die Hostie nahm. Um ganz sicher zu sein, daß Giuliano, der krank gewesen war, an jenem Morgen auch die Messe hören würde, gingen Francesco de' Pazzi und ein Mitverschwörer zum Medici-Palast, um ihn abzuholen, wie es unter Freunden Brauch ist. Giuliano ging willig mit, und auf dem ganzen Weg zur Kirche unterhielten ihn die beiden Mörder mit Scherzen und lebhaftem Geplauder, damit auch nicht der leiseste Argwohn in ihm wach würde. Francesco drückte ihn immer wieder an sich und tätschelte ihn, um sich zu vergewissern, daß er unter seinen Kleidern keine Waffen trage. Diese Zärtlichkeiten müssen recht übertrieben gewesen sein, denn später erinnerte man sich daran. – Der Anschlag im Dom gelang nicht ganz. Die Pazzi und ihre Freunde konnten zwar Giuliano töten, doch Lorenzo wurde nur verwundet, schlug sich zur Alten Sakristei durch und brachte sich hinter verbarrikadierten Türen in Sicherheit. Inzwischen hatten die Verschwörer den Dom verlassen und sahen sich plötzlich einer feindlichen Stadt gegenüber. Sie flohen in alle Richtungen, bis auf Francesco, der einfach nach Hause ging und auf seinem Bett liegend gefunden wurde, nackt und aus einer tiefen Wunde im Bein blutend, die er sich im Dom selbst beigebracht hatte, als er in seiner Mordgier blind drauflosgestochen hatte. Splitternackt, wie er war, schleppten sie ihn zum Palazzo Vecchio und henkten ihn. Er ließ sich nicht dazu bringen, auch nur eine Silbe zu sprechen, schreibt Machiavelli, »er sah die Umstehenden mit unbewegtem Blick an und seufzte nur«. Die Pazzi, fügt Machiavelli hinzu, waren berüchtigt wegen ihres Stolzes.

Seltsam und fast unverständlich scheint auch, daß Lorenzino (»Brutus«) de' Medici seinen Vetter Alessandro umbrachte. Er war der Gefährte des jungen Herzogs gewesen und hatte ihn auf seinen Streifzügen in die Welt des Lasters treulich begleitet. Gemeinsam waren sie in Bordelle gegangen und in Nonnenklöster eingebrochen. Lorenzino hatte dem Herzog Beziehungen zu ehrbaren verheirateten Frauen vermittelt. Oft hatte man beide zusammen auf einem Pferd durch die Stadt reiten sehen. Für die Florentiner galt der eine so wenig wie der andere, sie sahen in ihnen nichts als zwei degenerierte Rohlinge. Als schließlich die Bluttat vollbracht war, hielt Lorenzino es für angebracht, auf der Leiche des Tyrannen einen Zettel zurückzulassen, auf dem in Latein zu lesen stand, daß dies Verbrechen politische Gründe gehabt habe. *»Vincit amore patriae«*, las man dort; aber viele, die Lorenzino kannten, glaubten nicht daran. Lorenzino übte die Kunst der Heuchelei um ihrer selbst willen, und es mag wohl geschehen sein, daß er sie intensiver als notwendig betrieb und sich von ihr fortreißen ließ. Auch hier wird die Florentiner Plastizität wieder augenfällig. Für ein künstlerisch begabtes Volk ist die Schauspielerei zum Privatgebrauch ein gefährliches Geschäft. Der Schauspieler erkennt nach einiger Zeit die Grenzen nicht mehr und findet sich plötzlich mit der Rolle, die er nur kurzfristig spielen wollte, unlöslich verbunden.

Allerdings war die Heuchelei auch andernorts ein Zubehör der Renaissance und nicht eigentlich typisch für die Florentiner, deren Wesensart derb, kurz angebunden und offen war. »Cosa fatta, capo ha« – »ist eine Sache getan, so ist sie zu Ende«, sagt Mosca de' Lamberti, den Dante im achten Höllenkreis unter den Zwietrachtsäern antrifft, über den Mord an dem jungen Buondelmonti zu Füßen der Mars-Statue. Geschicklichkeit wurde sehr geschätzt, doch war in Florenz weniger die Gewandtheit des Diplomaten zu Hause als die Schläue des Geldverleihers oder Kaufmanns. Mit einer einzigen Ausnahme (Lorenzo de' Medici) waren die Florentiner durchweg schlechte Diplomaten.

In den beiden merkwürdigen Mordgeschichten zeigt sich eine starke nervliche Labilität des Florentiner Volkes. Eines seiner Lieblingsthemen in der Kunst war Judith und Holofernes; doch geschah wirklich einmal ein Tyrannenmord, so stand es ihm mit gemischten Gefühlen gegenüber. In diesem Staat, in dem alle hundert Jahre einmal die Demokratie ausbrach, glich die Haltung der Öffentlichkeit gegenüber Tyrannen oder Volksbeglückern etwa den Flammen eines Waldbrandes, die von einem unberechenbaren Wind einmal in diese und plötzlich wieder in jene Richtung getrieben werden. Dante vergleicht das Florentiner Staatswesen mit einem kranken Mann, der immer wieder seine Lage im Bett verändert. – Das unaufhörliche Umschlagen der öffentlichen Meinung war besonders für die wenigen Staatsbeamten, die noch nicht ganz abgestumpft waren, unerträglich. Ein Bannerherr der Gerechtigkeit wurde einmal wegen eines unpopulären Vorschlages so lächerlich gemacht, daß er den Verstand verlor. – Es waren nicht nur die Volksmassen, deren Gesinnung hin und her schwankte. Auch als Einzelmensch war der Florentiner schnellwechselnden Leidenschaften unterworfen und in manchen Augenblicken zu barbarischen Grausamkeiten fähig, so als wohne in seinem Innern ein privater Mob. Diese Eigenart ist nahe verwandt mit der Neigung zum Glaubenswechsel, die in Florenz so verbreitet ist wie der Kropf bei Bergvölkern. Besonders anfällig dafür waren Künstler und sonstige Intellektuelle. Zu Savonarolas Konvertiten gehörten Pico della Mirandola, Fra Bartolommeo und Lorenzo di Credi, die ihre Werke der Bilderverbrennung opferten. Der Sage nach soll der fanatische Prediger sogar Lorenzo de' Medici bekehrt haben.

Nach einzelnen Darstellungen soll auch Botticelli ein *piagnone* geworden sein (»Wimmerer« nannte man boshafterweise die Anhänger des Fraters), jedoch erst nach Savonarolas Hinrichtung. In der Londoner National Gallery befindet sich ein »Mysterienbild« von Botticelli, bekannt als »Die mystische Anbetung«, das als verschwommene Anspielung auf das Martyrium und die Prophezeiungen Savonarolas interpretiert werden kann. Diese Prophezeiungen wurden während der Belagerung von Florenz zufällig »wiederentdeckt«. Die weise Schwester Domenica und verschiedene fromme Brüder versuchten damals auf Geheiß der Signorie, aus den dunklen Äußerungen des Fraters die Zukunft zu deuten. »Gigli con gigli dover fiorire« – dieses seines Ausspruchs erinnerte man sich plötzlich und glaubte, daraus entnehmen zu sollen, daß an der französischen Allianz festgehalten werden müsse (Lilien zu Lilien). Wie falsch dieser Gedanke war, hätte eigentlich schon die grausame Plünderung Roms zeigen müssen. Die Signorie und das Volk klammerten sich auch an den Ausspruch, daß Florenz alles verlieren und doch gerettet werden würde. Unter dem Einfluß dieser Weissagung sahen die Florentiner jede Katastrophe, zum Beispiel den Verlust Empolis, nur als Vorboten des Endsieges an. Nachdem man den Mönch verbrannt hatte, setzte man alles Vertrauen in seine Aussprüche und glaubte wirklich, die Stadt würde eines Tages von bewaffneten Engelscharen gerettet werden.

Ob nun Botticelli wirklich ein *piagnone* geworden war und seine nackten heidnischen Gestalten bereute, wie es später Ammannati tat, oder ob das nur ein Märchen ist – die Atmosphäre seiner späten Werke läßt sehr klar einen Umschwung erkennen. Irgendein innerer Kampf muß in der Seele des Künstlers vor sich gegangen sein – er war ja Florentiner und ein sehr widerspruchsvoller Mensch (zum Beispiel war seine Werkstatt, aus der so viele matte, träumerische Madonnen hervorgingen, berüchtigt wegen der derben Späße, die dort verübt wurden). Nach der »Primavera« und der »Geburt der Venus« beginnt ein strenger, trockener Realismus die Linien seiner Bilder zu straffen. Zunächst erscheinen sie auf den ersten Blick noch geschmeidig und auf eine süße, sinnliche Art schwermütig, wie man es an Botticelli kennt; doch die goldenen Locken und der Faltenwurf der Gewänder sind jetzt nicht mehr Schmuck, sondern Bürde. Im Jahre 1480 malte er für die Kirche Ognissanti ein großes Fresko, »Sankt Augustinus in der Klause«, in merkwürdigen gelben und grauen Tönen, in dem die Sympathie des Künstlers für diesen protocalvinistischen Heiligen deutlich zum Ausdruck kommt. Als 1490 das kleine Bild »Verleumdung« entstand, war die Metamorphose vollkommen (Savonarola starb erst 1498). Boshafte, kalte Häßlichkeit starrt uns aus den allegorischen Figuren dieses neoklassischen Werkes entgegen. König Midas mit den Eselsohren sitzt auf seinem Thron und läßt sich von der List und dem Argwohn beraten, während der Neid die Verleumdung herbeiführt, die in einer Hand die Fackel der Wahrheit trägt und mit der andern die Unschuld in Gestalt eines fast jungen Mannes an den Haaren mitschleift. Die Lüge und das Falsche Zeugnis begleiten die Verleumdung und flechten Rosen in ihr metallenes Haar. Dahinter kommt die Buße, eine alte Frau in Schwarz, und abseits steht die nackte Wahrheit mit freifallenden, langen blonden Locken; sie hebt statuengleich mit gläubigem Ausdruck den rechten Arm zum Himmel empor. Zwischen schweren klassischen Säulen erblickt man im Hintergrund ein blaßgrünes Meer, das, wie auch die Gestalt der Wahrheit, sehr an die »Geburt der Venus« erinnert. Dieser »Rückfall« wirkt wie ein rachsüchtiger Seitenhieb auf den jüngeren, arkadischen Botticelli. Das Verleumdungsbild zeigt ein gewalttätig und wahnsinnig gewordenes Arkadien. Es ist in allen Details ein puritanisches Bild par excellence – kalt, deklamatorisch, programmatisch, ohne den leisesten Anflug von Phantasie, wie zum Beispiel in den »Versuchungen« von Bosch, wo der Teufel zumindest erfinderisch ist. Botticelli war der Lieblingsmaler der Medici, in deren Charakteren Puritanismus mit animalischer Sinnlichkeit und Kälte mit Genialität gepaart war. Cosimo il Vecchio war kalt, schlau und asketisch. Er konnte warten, gelassen und doch auf dem Sprung wie eine Katze, und diese Eigenschaft taucht bei Cosimo I. und der jungen Katharina de' Medici auf, den beiden Machtvermehrern der Familie. Giovanni dagegen, der Sohn des alten Cosimo, war ein Sybarit, der dem Augenblick lebte und an zu reichlichem Essen starb. Lorenzo der Prächtige gab sich, wie sein Biograph Roscoe schreibt, »in unglaublichem Maße der Befriedigung seiner Liebesleidenschaft hin«. Sein Geschlechtstrieb war unbändig, er befand sich gleichsam in einer nie aufhörenden Brunftzeit. – Drei Männer der Familie waren anziehend von Gestalt: der schöne Giuliano, sein Sohn Papst Clemens und der Kardinal Ippolito, den Tizian in ungarischer Tracht gemalt hat. Lorenzo mit seinem glatten schwarzen Haar, der langen, dünnen Oberlippe, der Habichtsnase und dem schwarzbraunen Teint war ein seltsames Exemplar der Gattung Mensch und gleicht sogar auf den Porträts, die ihm schmeichelten, eher einem Sioux-Häuptling als einem kultivierten Europäer. Er hatte sehr schwache, kurzsichtige Augen, eine rauhe, unangenehme Stimme und besaß keinen Geruchssinn. Wie alle Medici litt er an Gicht. Sein Vater, der Piero der Gichtige genannt wurde, war verkrüppelt. Lorenzo, Herzog von Urbino, der Vater der Katharina de' Medici, starb an Syphilis. Gicht, eine lange, dünne Oberlippe und künstlerische Begabung waren die Erbmerkmale der Familie. Lorenzo, Giuliano, Piero di Lorenzo und Kardinal Ippolito haben Verse geschrieben. Ippolitos Übersetzung des zweiten Buches der »Äneïs« erlebte mehrere Auflagen. Papst Leo X. war ein Kenner und Förderer der Literatur, und von Lorenzos Dichtungen kann man sagen, daß sie über den Dilettantismus hinausgingen. Seine Liebesgedichte sind echte Kunst, und die schon erwähnten Hirtengedichte erinnern mit ihrem frischen Ton und köstlichen Pathos an Propertius und Tibullus. In seinem Herbstgedicht beschreibt er liebevoll einen verspäteten Vogel im Zypressengeäst, und mit jener typisch florentinischen Zartheit, die alle Sinneswahrnehmungen ein wenig belächelt, malt er mit Worten das Bild zweier Zugvögel, die mit ihren Jungen nach Süden fliegen und den müden Kleinen die Nereïden, Tritonen und anderen Fabelwesen im Meer zeigen, um sie auf der langen Reise nach Afrika munter zu halten. – Lorenzos Sohn Piero, der mit Schimpf und Schande aus der Stadt gejagt wurde, schrieb ein rührendes patriotisches Sonett an Florenz, in dem er sich als heimwehkranken Vogel sah, der von ungeschriebenen Naturgesetzen zur Heimat getrieben wird. Das war aber auch die einzige Tat des armen Piero. Wie ungeschickt er in anderen Dingen war, beweist sein Auftrag an Michelangelo, aus Schnee eine Statue zu machen. Der schmelzende Schneemann hätte, wie Roscoe bemerkt, als Sinnbild für die schwindende Macht der Medici gelten können.

Cosimo I. jedoch, der nach dem Sturz der Republik und der Ermordung Alessandros die Dynastie wieder zur Macht gebracht hatte, besaß alle Kälte und katzenhafte Wendigkeit des Geschlechts. Wie eine Wildkatze oder ein Berglöwe sah auch sein Vater Giovanni »delle bande nere« aus, wenn man ihn nach der häßlichen Statue von Bandinelli beurteilt, die bei der Kirche San Lorenzo steht. Cosimo glich ihm körperlich, hatte aber von seiner Tapferkeit nichts geerbt. Im Vergleich zu Giovanni war er eine zahme, doch grausame Hauskatze (als er Piero Strozzi vergiften wollte, ließ er vorher die Gifte an Gefangenen im Bargello ausprobieren, und Lorenzino ließ er in Venedig von seinen Agenten mit einem vergifteten Dolch umbringen). Bei alledem war er ein unnachsichtiger Steuereintreiber und fanatischer Puritaner. In seiner Regierungszeit wurden strenge Gesetze gegen Sodomie und Bestialität erlassen. Er bestand darauf, daß sein Gefolge keusch blieb, und stellte sich selbst mit seiner chronischen Treue zu seiner Gemahlin Eleonore von Toledo seinem Volke als Vorbild hin. Er traute den Florentinern nicht und verließ sich mehr auf den spanischen Anhang seiner Frau – ihren Onkel, den Bruder des Vizekönigs von Neapel, und verschiedene Geistliche –, dem er die Verwaltungsarbeit in die Hände legte. Der Historiker Segni (kein Parteigänger der Medici) schrieb über ihn: »Von diesem Fürsten muß gesagt werden, daß, obgleich er den Gottesdienst sehr liebte und den Freuden der Venus nur gemäßigt nachging, er noch gemäßigter war, wenn es galt, Audienzen zu halten und sich den Florentinern gegenüber menschlich und freundlich zu zeigen.« Er gab, wie Segni fortfährt, Unsummen aus für »Obristen, Spione, Spanier und Aufwärterinnen für Madame«. Ständig vergrößerte er die Zahl der Wachen und der Spitzel.

Dieser züchtige und vorsichtige Regent war es jedoch, der die Sammlung pikanter Plastiken von Cellini und Bandinelli zusammentrug, die sich heute im dritten Stockwerk des Bargello befindet: eine Leda, zwei Ganymeds, ein Narziß und zwei Hyazinths. Und man erzählt sich, wie der Hofmaler Vasari, der einen Raum im Palazzo Vecchio ausmalte, Zeuge einer grausigen Szene geworden ist. Er stand an einem heißen Sommertag auf dem Gerüst und arbeitete an der Decke, als er Cosimos Tochter Isabella in den Raum kommen sah, wo sie sich auf ein Bett niederlegte und einschlief. Während das Mädchen schlief, trat plötzlich Herzog Cosimo ein, und im nächsten Augenblick hörte Vasari einen furchtbaren Schrei vom Bett. Danach hat er, so lautet die Geschichte, »nicht mehr hingesehen«, sondern sich bemüht, auf seinem Gerüst unentdeckt zu bleiben.

Noch heute kann man dem Gang folgen, der – möglicherweise von Vasari – für den Großherzog Cosimo angelegt wurde und aus den heißen Zimmern der Uffizien über den oberen Teil der Ponte Vecchio, die Kirche Santa Felicità und die Hausdächer der Via Guicciardini zum Palazzo Pitti führt, wo seinerzeit die Herzogin wohnte. Diese Katzenstiege paßt so recht zu dem Eindruck, den Cosimo hinterlassen hat, zu seinen Heimlichkeiten und argwöhnischen Verdächtigungen, seinen Spitzeln und Agenten.

Cosimos Gesetze gegen Sodomie und Bestialität, die er zumindest im Prinzip durch seine Skulpturensammlung selbst verletzt hat, waren eine Nutzanwendung von Savonarolas Lehren und wurden nicht ohne Grund erlassen. Homosexualität oder Bisexualität ist in Florenz immer an der Tagesordnung gewesen. Ähnlich wie die Gicht scheint sie sich bei den Medici weitervererbt zu haben. Die Degeneration der letzten Medici, genauer gesagt ihre unüberwindliche Abneigung gegen Frauen, hat ihr gesamtes Geschlecht zum Erlöschen gebracht. Immer weniger und immer schwächere Erben wuchsen auf, bis der fette Gian Gastone schließlich gar keinen Sohn bekam. In Frankreich kam das Erbteil bei Katharinas Sohn Heinrich III. ans Licht, der bei einem Ball zu Ehren seiner Thronbesteigung in Frauenkleidern erschien. Der *locus classicus* war jedoch die Tafel Lorenzos des Prächtigen, die wegen ihrer »griechischen« Tendenzen bekannt war und wo der junge Michelangelo Poliziano traf. Diese Neigung zum geschlechtlich Abnormen ist während der Renaissance vielfach in Erscheinung getreten; doch in Florenz war sie tief verwurzelt und galt durchaus nicht als unnatürlich. Die mittelalterlichen Eremiten im Casentino haben mit Knüppel und Psalter gegen die »unreinen Geister« gekämpft, die in Gestalt von Knaben kamen, um sie in Versuchung zu führen. Als Greis mußte der heilige Romualdo, der Gründer des Kamaldulenserordens, in Styria bei Fonte Avellana für Sodomie Buße tun, und eine Generation weiter war es San Giovanni Gualberto, der im Wald von Vallombrosa gegen dieselbe Sünde rang. Trotzdem werden die beiden Reformatoren sehr verehrt. Romualdo stammte eigentlich aus der Romagna; doch er baute sich seine Einsiedelei hoch oben in den dunklen Buchenwäldern des toskanischen Apennins. Die Einsiedelei und das große Kamaldulenserkloster, in dem Lorenzo de' Medici, Alberti und Cristoforo Landino einst eine Akademie für Diskussionen über Platos Philosophie eingerichtet hatten, sind noch heute Wallfahrtsorte. Bei der Einsiedelei steht eine Kapelle mit einem Steinblock im Innern, auf dem angeblich ein Abdruck vom Körper des Heiligen zu sehen ist. Der Teufel soll ihm einen Stoß versetzt haben, um ihn in einen Hohlweg zu stürzen; doch der starke Romualdo hat sich an den Fels geklammert und wurde dadurch gerettet.

»Michelangelo non avrebbe potuto peccare di più col cesello«, bemerkte einmal ein Florentiner gedankenvoll, während er die lockeren, weichen Linien des »Bacchus« im Bargello betrachtete. »Mehr hätte Michelangelo mit dem Meißel nicht sündigen können.« Die leidenschaftlichen, intellektuellen Florentiner waren für Jünglingsschönheit fast ebenso empfänglich wie die Athener. Die »Sünde« ist nicht nur bei Michelangelo und Leonardo zu finden, auf die man sich meistens beruft, sondern auch bei Donatello und Verrocchio, von Pontormo und den Manieristen ganz zu schweigen. Zwar gab es im Leben Donatellos keinen Skandal (obwohl ein Freudianer es verdächtig finden könnte, daß er mit seiner Mutter zusammenwohnte), und sein furchtloser »San Giorgio« ist der Gipfel der Männertugend. Sein »David« andererseits, der nichts als ein Paar Stiefel und ein mädchenhaftes Hütchen trägt, ist voll verlockender Zweideutigkeit. Michelangelo und Leonardo haben nichts geschaffen, das so verführerisch wäre wie diese Metallfigur, die nichts Weibisch-Weichliches hat, sondern einfach ein herausfordernder, koketter Jüngling ist. Auch der bronzene »David« Verrocchios mit seinem undeutbaren Lächeln hat etwas von diesem Reiz.

Im Florenz des Quattrocento wurden wohlgeformte, kräftige Männerbeine und -schenkel in den enganliegenden Strümpfen jener Zeit stets besonders schwungvoll gemalt.

Man malte das Bein aus allen Blickwinkeln, im Profil, im Halbprofil, von vorn und – wahrscheinlich am häufigsten – von hinten oder leicht gedreht, so daß die Schönheit der Wade zur Geltung kam. Von Masolino bis Botticelli prahlten die Florentiner Maler mit diesen elastischen, jugendlichen Beinen, die müßig dastehen oder ganz beiläufig über eine Piazza schreiten. Meist gehören sie Nebenfiguren an, Statisten, die sich auf der Straße unterhalten, während an anderer Stelle eine biblische Szene vor sich geht, oder zufälligen Passanten, die uninteressiert und schnellen Schrittes über den Schauplatz irgendeines Wunders eilen. Alle elastische Vitalität des Weltkindes ist in diesen übertrieben schönen Beinen eingeschlossen. Merkur, der Gott der Reisen und der Geschäfte, zeigt sie, nackt und wundervoll geformt, auf dem »Primavera«-Bild. Es wird viel über die Schönheit der Hände in der Florentiner Malerei gesprochen, doch das sind dann meist Frauenhände. Federnde Beine sind das Kennzeichen des Mannes.

Der wohlgestaltete Jüngling wurde hier in Florenz mehr verherrlicht als an irgendeinem anderen Ort. Den gewöhnlichen, weltlich gesinnten Florentiner reizte ein hübscher Knabe oft ebensosehr wie eine junge Frau. Als Michelangelo sich bei einem Geschäftsmann über den Diener beklagte, den jener ihm geschickt hatte, erwähnte der Kaufmann, er an Michelangelos Stelle hätte den Jungen wenigstens mit ins Bett genommen, denn wenn er sonst nichts taugte, so wäre er doch hübsch. Dieser Kaufmann sah die Sache nur von der praktischen Seite an. – In dem gleichen alltäglichen Ton erzählt Segni die Geschichte von Filippo Strozzi, dem Medici-feindlichen Bankier, den die Republik nach Pisa geschickt hatte, wo er die beiden jungen Medici-Bastarde Ippolito und Alessandro, die sich als Gefangene oder Geiseln der Signorie dort in Haft befanden, bewachen sollte. Statt seine Pflicht zu tun, ging Filippo Strozzi mit Ippolito auf und davon zu einem

Fort bei Livorno, und es dauerte nicht lange, bis beide Knaben entkommen waren. Man warf Filippo vor, Ippolito zu sehr begünstigt zu haben, »einige sagten, aus lasterhafter Liebe zu ihm, der schön anzusehen war und in der Blüte der Jugend stand«. Doch der Tadel war nur leicht, denn diese Schwäche wurde bei einem Mann als natürlich angesehen. Als der Bankier später von Cosimo I. in der Fortezza da Basso (deren Bau er hatte bezahlen müssen) gefangengesetzt wurde, bewies er unter der Folter große Tapferkeit. Er war es, der sich ein Beispiel an Cato nahm und Selbstmord verübte.

Ein ganz anderer Menschentyp war der wespengleiche, eifersüchtige Poliziano. Er war der Tutor der Kinder Lorenzos und Hofhumanist der Medici. Seine Feinde behaupteten nach seinem Tode, er sei an einem Ausbruche amourösen Fiebers gestorben, als er gerade einem seiner Schüler ein Liebeslied auf der Laute spielte. Die Humanisten jener Zeit, und nicht nur die von Florenz, waren ein besonderes Völkchen. Daß sie nicht überall beliebt waren, lag zum Teil an ihrem Parasitendasein, das sie an den Hofhaltungen der Großen führten, und auch daran, daß sie sich unaufhörlich gegen Attacken der Geistlichkeit zu wehren hatten. Verleumdung und Zank waren ihr hauptsächlicher Lebensinhalt. Poliziano war eifersüchtig auf Lorenzos Frau Clarice Orsini, über die er sich in Briefen an Lorenzo immer wieder beschwerte, weil sie sich, wie er sagte, zwischen ihn und seine Schüler stellte. Schließlich verließ er beleidigt das Haus. – Die Humanisten seiner Generation waren talentiert, ehrgeizig, leicht verwundbar und hatten manches mit den heutigen Innenarchitekten gemeinsam: Geschmacksfragen waren ihr Gebiet, und sie bestrebten sich, den Haushalt der italienischen Kultur vom Keller bis zum Dachboden einheitlich klassisch zu gestalten. Poliziano war ein wirklicher Gelehrter und hin und wieder sogar ein Dichter; doch das ewige *»hic est«*, *»ut visum est«* und

»tandem« in seinen Briefen wirkt komisch, und es gibt manches Beispiel dafür, daß er im Grunde unsicher war und keine rechte Urteilskraft besaß.

Besser diente der Jugend und Schönheit von Florenz der einfache Maler-Handwerker Benozzo Gozzoli aus San Gimignano, der bei Fra Angelico in die Lehre gegangen und im übrigen ein fauler Bursche war, wenn niemand ihn anspornte. Seine kraftvollsten Werke schuf er für die Hauskapellen im Palazzo Medici. Es gab in Florenz wenig Prunkmalerei, und diese Freskenreihe von Benozzo ist eine der wenigen, die der Verherrlichung eines historischen Schauspiels dienen. Sie heißt »Der Zug der Heiligen Drei Könige nach Bethlehem«, stellt aber in Wirklichkeit den Besuch des Kaisers Johannes Paläologos auf dem Konzil zu Florenz dar, als zum letzten Male versucht wurde, die Kirchenspaltung zwischen Ost und West zu beseitigen. Diese westöstliche Gipfelkonferenz hat Benozzo zum Thema seines Bildes gewählt, das mit den berühmten Gozzoli-Zypressen, Palmen und Pinien von weitem wie ein reizendes Tapetenmuster aussieht. Vom Apennin herunter ergießt sich auf gewundenen Pfaden die östliche Karawane mit Rossen und Maultieren in eine liebliche Ebene, wo hohe, steingraue Baumstämme mit gefiederten oder buschigen Wipfeln wie aufgepflanzte Lanzen stehen und den fremden Potentaten grüßen. Unterdessen sind die Medici mit einem riesigen Zug berühmter Italiener den Gästen entgegengeritten.

Der Maler hat in diesem Fresko alles dargestellt, was Rang und Namen besaß, Persönlichkeiten, die zu jenem Zeitpunkt schon tot oder noch gar nicht geboren waren, dazu Pagen, Diener und Tiere. Der Kaiser reitet in dunklem, goldverziertem Kleid ein schön aufgeputztes weißes Pferd. Er hat dunkle Brauen und einen Bart und trägt eine turbanähnliche Krone. Mit seinen schönen, ernsten Zügen gleicht er – zweifellos rein zufällig – den italienischen Darstellungen des Heilands, und dadurch wird man an eine andere, bekanntere Szene erinnert: Christus, auf dem Esel reitend, beim Einzug in Jerusalem am Palmsonntag. Jeder Betrachter, der in die Kapelle kommt, bemerkt zuerst diesen fürstlichen Reiter im Halbprofil, der regungslos und etwas abgesondert vom übrigen Zug zu Pferde sitzt und eine ernste, bedeutungsvolle Atmosphäre um sich verbreitet, als wäre er der König der Könige. Der Patriarch von Konstantinopel, der übrigens während des Konzils starb und in Santa Maria Novella beigesetzt wurde, tritt weniger hervor; er ist fast eine Nebenfigur, ein alter Magier mit wehendem weißem Bart und Goldkrone.

7

Im Jahre 1786 kam der siebenunddreißigjährige Goethe im Verlaufe seiner Italienreise nach Florenz. Nachdem er sich in Eile die Stadt, den Dom, das Baptisterium und die Boboli-Gärten angesehen hatte, faßte er seine Eindrücke zusammen: »Der Stadt sieht man den Volksreichtum an, der sie erbaut hat; man erkennt, daß sie sich einer Folge von glücklichen Regierungen erfreute.« Sicher haben die Engel geweint, als sie diesen Ausspruch hörten. Doch die Folgerung des Dichters war richtig. Jeder, der nach Florenz kommt und die Geschichte der Stadt nicht kennt, muß zu demselben Schluß kommen. In seinen »guten« Tagen, im Frühling und Herbst, erscheint Florenz als Bild der ideal regierten Stadt, eine architektonische Repräsentation der Gerechtigkeit, Gleichheit, Ausgewogenheit und Ordnung. Viele Helden der Antike, Theseus zum Beispiel, haben sich zur Städtegründung berufen gefühlt; eine solche Stadt, gegründet von einem großen Helden und Gesetzgeber als Heimat der Tugend und des Friedens, könnte Florenz sein, wenn man es flüchtig betrachtet. Aus der Vogelperspektive gesehen, strahlt die Stadt, die sich zu beiden Seiten des grünen Flusses hinstreckt, mit ihrer harmonischen Einteilung von Vertikalen und Horizontalen eine Atmosphäre »guter Regierung« aus, und die Florentiner Malerei mit ihrer klugen Meisterung des Raums verstärkt diesen Eindruck und läßt darauf schließen, daß die Staatsgeschäfte ebenso klug gemeistert wurden. Wahrscheinlich hat Goethe auf dem Campanile auch die kleinen Basreliefs von

Andrea da Pontedera und anderen Künstlern bemerkt, Darstellungen aus der Landwirtschaft, Metallurgie, Weberei, Mechanik, aus der Justiz und so weiter, ein in Stein gehauenes exemplarisches System der Volkswirtschaft. Im ganzen wie in seinen Einzelheiten gesehen, bestätigt Florenz, daß ihm Gesetzmäßigkeit innewohnt.

Großherzog Cosimo I., der durchaus kein gefühlvoller Mann war, brach in Tränen aus, als er nach der furchtbaren Hochwasserkatastrophe von 1557 sah, wie seine schöne Stadt verwüstet, die alte Trinità-Brücke fortgerissen und der Schlamm stellenweise fünf Meter hoch an die Mauern geklatscht war. Oben im Mugello-Tal war die Sieve plötzlich gestiegen und an einer schlechtgebauten Dammstelle in den Arno übergeflutet. Das Hochwasser kam so überraschend, daß alle Passanten, die sich auf der Trinità-Brücke befanden, ertranken, bis auf zwei Kinder, die auf einem einsamen Pfeiler inmitten des tosenden Stromes dem Tode entgingen. Tagelang erhielten sie ihre Nahrung vom Dach des Palazzo Strozzi aus an einem Strick hinuntergeschickt, bis man sie an Land holen konnte. Die beiden ausgesetzten Kinder, die aus der Höhe gespeist wurden, und der weinende Tyrann stellen ein rührendes Bild dar, das eine Szene aus einem alten Fresko sein könnte. Auch dies ist Florenz, die sanfte Seite von Florenz, die ihren schönsten künstlerischen Ausdruck im Ospedale degli Innocenti, dem ersten architektonischen Werk der Renaissance, gefunden hat. Brunelleschi hat das Asyl für die Findelkinder der Stadt entworfen, und Andrea della Robbia schuf die zehn glasierten Terrakotta-Medaillons über dem anmutigen blaßgelben Portiko, in denen zehn Wickelkinder, jedes in einer anderen Stellung, aufgereiht sind wie in den Bettchen eines Säuglingsheims.

Was Goethe bei seiner eiligen Stadtbesichtigung sah, war die Republik mit ihren kompakten öffentlichen Gebäuden,

Plätzen, Kirchen und Statuen, eine ideale Republik, gebaut aus *pietra dura, pietra forte,* rauhem Bossenwerk und Marmor in geometrischen Mustern. Diese Republik hat niemals als Tatsache existiert, sondern immer nur als Sehnsucht, als brennendes Heimweh nach guter Regierung, das in der Lyrik und Epik, in der Architektur, Malerei und Bildhauerei einen Ausweg suchte. Die rosa Stadt mit Türmen und Zinnen, die im Hintergrund alter Florentiner Fresken zu sehen ist – bald wurde sie zur weißen Renaissancestadt mit klassischen Bauten –, ist identisch mit der Vision Dantes und Machiavellis von einer idealen Stadt, die im reinen Lichte der Vernunft gebadet ist. Trotz aller Sehnsucht nach der Herrschaft der Vernunft warteten jedoch Dante und Machiavelli in ihrer Verzweiflung auf einen Erlöser von oben, einen Kaiser oder König, der die Stadt retten sollte, so wie Savonarola auf Christus und auf eine Verfassung nach dem Vorbild von Venedig gewartet hat. Die weise Herrschaft, deren Spuren Goethe wahrzunehmen glaubte, war im Grunde die weise Beherrschung des Raumes, die einzige Regierungsart, in der die Florentiner jemals Meister waren und die von den großen Baumeistern der Republik wie eine Magna Charta an die späteren Generationen weitergegeben wurde. Im Jahre 1786 hatten die Florentiner zweieinhalb Jahrhunderte eindeutiger Mißherrschaft unter den Großherzögen hinter sich, und die Stadt, die Goethe sah, war in beträchtlichem Maße eine großherzogliche Konstruktion; doch die neue Trinità-Brücke, die Uffizien, die Erweiterungsbauten des Palazzo Pitti, das Belvedere, die strengen Paläste in der Via Maggiore, der Via de' Ginori und dem Corso degli Albizzi mit ihren finsteren Dachvorsprüngen – alles Bauten, die unter Cosimo I. und seinen kläglichen Nachfolgern entstanden sind – halten noch an der »alten« Bauweise fest, an der republikanischen Tradition der Klarheit, Ordnung und Einfachheit. Wenn auch Cosimo I. auf der Piazza Santa Trinità zur Verherrlichung seiner militärischen Taten eine Säule aus den Bädern von Caracalla, das Geschenk eines Papstes, aufstellen ließ, so war doch die »persönliche« Atmosphäre der Stadt stärker als er. Florenz weigerte sich, das Aussehen einer großherzoglichen Residenz anzunehmen.

»Die Florentiner Historiker«, schrieb der kluge Anwalt Roscoe aus Liverpool, der ein Zeitgenosse Goethes war und Lorenzo de' Medicis Biographie verfaßt hat, »haben fast alle ihre Geschichtsschreibung mit dem Sturz der Republik abgeschlossen, als wollten sie den Bericht ihrer Unterjochung nicht niederschreiben.« Diesem Prinzip schlossen sich sogar Ausländer an. Ferdinand Schevill von der Universität Chicago hat ebenfalls seine Geschichte von Florenz mit dem Sturz der Republik beendet. Aus der Großherzogszeit gibt es einige interessante Spezialstudien, wie zum Beispiel Harold Actons »Die letzten Medici«, daneben sind damals vereinzelte Arbeiten über die Risorgimento-Periode und über die Ausländer in Florenz erschienen. Doch die eigentliche Geschichte von Florenz endet nach der Meinung fast aller Historiker mit dem Augenblick, in dem seine Selbstregierung ausgelöscht wurde. Danach gibt es keine Geschichte mehr, sondern nur noch die Klatschgeschichten der Tagebuchschreiber.

Bekanntlich werden im Italienischen auch die Substantive klein geschrieben; doch die Belagerung von Florenz schreibt man dort noch heute mit einem großen B. Aus jener Zeit stammen die einzigen Ruinen der Stadt. Es sind die guterhaltenen Befestigungsmauern des »dritten Ringes«, der heute durch Boulevards gekennzeichnet ist, und die Reste der Verteidigungsanlagen, die Michelangelo während der Belagerung am Berge von San Miniato erbaut hatte. Nach einer Beschreibung von Charles de Tolnay sollen diese Anlagen wie originelle Krustentiere ausgesehen haben, mit langen Klauen, Kinnbacken und Fühlern, die sie weit ausstreckten, um die Annäherung des Feindes abzuwehren. *»Il nemico«* – früher waren das Siena, Pisa, Lucca und Mailand, doch während der elfmonatigen Belagerung zogen sich ein für allemal die Spanier diese Bezeichnung zu.

Florenz ist, wie schon erwähnt, kein Pflaster für unmittelbare Gefühlsreaktionen; wenn man aber in einer Sommernacht von einer Terrasse am Lungarno Acciaiuolo oder Lungarno Vespucci über den Arno schaut, kann man sich leicht vorstellen, wie es im August 1530 hier aussah: Im Schutz der tiefen Schatten am andern Flußufer lauern die Truppen Karls V. Francesco Ferrucci, der beste Feldherr der Republik, ist vor kurzem bei einem letzten Großangriff gegen die feindliche Übermacht in den schicksalhaften Bergen von Pistoja gefangengenommen und in Gavinana getötet worden. »Ihr bringt einen Toten um«, murmelte er, als er – schon mit Wunden bedeckt – unter dem verräterischen Dolchstoß des feindlichen Kommandanten starb. – Innerhalb der Stadtmauern ist die Not groß. Die kostbaren Kirchengeräte und die Ringe der Frauen haben zur Bezahlung der Verteidigungskosten herhalten müssen. Fensterrahmen und Türen hat man im Laufe des Winters verfeuert. Die wenigen Kohlköpfe und was sonst noch in den Dachgärten gewachsen war, sind verzehrt. Die Stadt hat nur noch für drei Tage Lebensmittel. Die schreckliche Plünderung von Prato, bei der die spanischen Soldaten unter Cardona und die Truppen von Giovanni de' Medici, des späteren Papstes Leo X., große Verwüstungen anrichteten, lebt noch in der Erinnerung der Toskaner, ganz zu schweigen von der Plünderung Roms durch die lutherischen Truppen des katholischen Kaisers. Der angeworbene Truppenkommandant von Florenz, Malatesta Baglioni aus Perugia, hat sich heimlich mit den Spaniern verbündet und plötzlich die Kanonen gegen die Stadt gerichtet. Der Traum von einer letzten verzweifelten Verteidigung ist ausgeträumt, auch die Möglichkeit, die Häuser anzuzünden, die Frauen und Kinder zu töten und in einem allgemeinen Inferno unterzugehen, so daß »von der Stadt nichts übrigbliebe als die Erinnerung an ihre Seelengröße als unsterbliches Beispiel für alle, die frei geboren sind und frei leben wollen«, besteht nicht mehr. Am nächsten Tag hatte die Stadt kapituliert.

Es war nicht das erstemal, daß die Republik von einer fremden Macht vor ihren Toren bedroht wurde. Erst eine Generation zuvor war der französische König einmarschiert und von Piero Capponi vertrieben worden. Nach der Plünderung von Prato war der Gonfaloniere Pier Soderini geflohen, die Medici hatten den Schrecken ausgenutzt, den ihre spanischen Verbündeten verbreiteten, und waren in Florenz einmarschiert. Mehrere hundert Jahre vorher, im Juli des Jahres 1092, war Florenz als einzige papsttreue Stadt von Kaiser Heinrich IV. belagert worden, der mit der päpstlich gesinnten Mathilde von Tuscien in Fehde lag. Damals wurde die Stadt durch die furchtbare toskanische Hitze gerettet, die den Kaiser nach zehn Tagen vertrieb. Auch Heinrich VII., der sich im Jahre 1312 östlich der Stadt beim Kloster San Salvi mit seinem Heer auf die Lauer gelegt hatte, mußte unverrichteterdinge wieder abziehen. Noch heute heißt der Platz, an dem er damals biwakiert hat, »Heinrichs Lager« (Campo di Arrigo). Jedesmal ist Florenz davongekommen; doch jetzt, wo die Spanier mit ihrem rachsüchtigen Verbündeten, Papst Clemens, vor den Toren stehen, ist der Tag des Gerichts gekommen. Der Vorhang hebt sich zum letzten Akt der Florentiner Geschichte. – An jene schwere Zeit erinnern die letzten Münzen, die von der Republik geprägt wurden: schöne Golddukaten und silberne Halbdukaten aus dem Geschmeide der Florentiner und den Gold- und Silberschätzen der Kirchen. Statt der sonst üblichen Gestalt des Täufers trug die Goldmünze auf einer Seite das Kreuz des Volkes, auf der anderen stand eine Inschrift: *»Jesus Rex Noster et Deus Noster«*. Mit diesen Münzen wurden die Söldner bezahlt.

Die Republik, die den Spaniern in die Hände fiel, war keine Demokratie im heutigen Sinne: Das Proletariat hatte kein Wahlrecht und durfte bis zu den letzten Tagen der Belagerung keine Waffen tragen, weil man ihm nicht über den Weg traute. Seit Cosimo il Vecchio war Florenz immer wieder zeitweise von den Medici regiert worden, obwohl die Form des freien Bürgerstaates nach außen hin aufrechterhalten wurde. Als der Bastard Alessandro von seinem vermutlichen Vater, dem Papst, im Jahre nach der Belagerung als Regent eingesetzt wurde und den abwegigen Titel eines Herzogs der Republik Florenz erhielt, hätte man denken können, es wäre nur ein neuer Name für dieselbe Sache. In Wirklichkeit verhielt es sich nicht so. Die Wählerschaft, die ihr Äußerstes getan hatte, um ihre Freiheit zu verteidigen, verlor das Wahlrecht und mußte erfahren, daß ihr heldenmütiger Widerstand, den die Welt bewundert hatte, im Grunde nichts galt. Der König von Frankreich, die Venezianer, der Herzog von Ferrara, Heinrich VIII. von England – alle hatten zugeschaut, ohne eine Hand zu rühren. Der Wille des Volkes, der manchmal in einer Laune die Medici geduldet und sie dann wieder davongejagt, ihre Denkmäler zerstört und ihre Embleme ausgelöscht hatte, war nun selbst jeder Macht beraubt. Es war ganz überflüssig, daß Lorenzino sieben Jahre später den Tyrannen Alessandro ermordete. Niemand verstand es, diese Gelegenheit zu nutzen und der Stadt die Freiheit zurückzuerobern. Der bekannte Stimmungsumschwung, der sonst auf politische Ereignisse zu folgen pflegte, blieb diesmal aus.

Was Lorenzino tat, war nicht für die Politik, sondern für

die Geschichte bestimmt, die man in der Renaissancezeit als eine Art Bühne betrachtete. Alfred de Musset hat das sehr deutlich zum Ausdruck gebracht in seinem Stück »Lorenzaccio« (»accio« ist ein Diminutiv mit abfälliger Bedeutung), in dem er seinen Lorenzino sagen läßt: »Une statue qui descendrait de son piédestal pour marcher parmi les hommes sur la place publique serait peut-être semblable à ce que j'étais le jour où j'ai commencé à vivre avec cette idée: il faut que je sois un Brutus.« (»Eine Statue, die von ihrem Piedestal gestiegen ist, um unter den Menschen auf dem Marktplatz zu wandeln – damit etwa konnte man mich vergleichen von dem Tage an, als ich mit der Idee zu leben begann: ich muß ein Brutus werden.«) Als die denkwürdige Tat vollbracht war, nahm Cosimo I., damals ein junger Mann von bescheidenen Manieren, in aller Stille den Platz ein, den sein entfernter Verwandter hatte räumen müssen. Er war es dann, der sich nach und nach als absoluter Monarch zu fühlen begann und es den Regenten großer Königreiche wie Frankreich, England und Spanien gleichtat. Als er schließlich Siena besiegt hatte, rang er dem Papst den Titel eines Großherzogs der Toskana ab. Der Vorhang war endgültig gefallen, Florenz als lebendiges Staatswesen hatte aufgehört zu existieren. Cosimos Erobererpose wirkte in Stein gehauen besser als im Leben. Auf der Bühne des Welttheaters, die von Franz I., Heinrich VIII. und Karl V. beherrscht wurde, muß er ein armseliger Darsteller gewesen sein. Kaiser Karl V. gab ihm die Tochter seines Vizekönigs zur Frau und nahm ihm erbarmungslos immer wieder Geld ab. Den Großherzogstitel, an dem ihm so viel gelegen war, sicherte sich Cosimo, indem er dem Papst den protestantischen Reformator Carnesecchi auslieferte, der Gast an seiner Tafel und unter seinem Dache gewesen war. Unter schwachem Protest von seiten Cosimos wurde Carnesecchi auf dem Campo dei Fiori in Rom enthauptet und verbrannt. –

Als Cosimo an die Macht kam, lag die Herrschaft über die Toskana und den größten Teil Italiens in den Händen ausländischer Fürsten. Bis zur Einigung Italiens im Jahre 1860 regierten die Großherzöge nicht mit der Einwilligung ihrer Untertanen, sondern durch die Gnade der europäischen Herrscher, die nach dem Aussterben der Medici das Großherzogtum Toskana an Lothringen, genaugenommen also an Österreich, gegeben hatten.

Die Großherzöge nach Cosimo verdienten die Bezeichnung »Tyrannen« kaum. Sie waren eher Gutsherren mit den spärlich verteilten Tugenden und den vielen Lastern ihres Geschlechts. Unter den Medici und ihren Nachfolgern gab es einzelne aufgeklärte Männer, doch die Mehrheit war habsüchtig, mäßig begabt, ausschweifend, faul, schwach, rückständig, manchmal auch bigott oder einfach stets abwesend wie Franz von Lothringen, der Gemahl Maria Theresias. Im übrigen waren die Österreicher, sofern sie sich in der Toskana aufhielten, die besten von allen. Sie entwässerten die Maremmen, den sumpfigen Küstenstreifen zwischen Pisa und Grosseto, der seit der Römerzeit ein unfruchtbarer, verwilderter Malariaherd gewesen war. Sie förderten den Ackerbau und führten Wirtschaftsreformen durch. Unter der österreichischen Herrschaft fing die Toskana an, sich ein wenig von der dumpfen Dekadenz zu erholen, in die sie gesunken war. Die Regierungszeit der Medici war von Ehestreitigkeiten, Frömmelei – unter Cosimo III. mußten die Händler an fast jedem zweiten Tag im Jahr ihre Läden schließen wegen der vielen kirchlichen Feiertage, die der Fürst einführte –, Zechen und Prassen und zahlreiche »Favoriten« in Jünglingsgestalt bestimmt gewesen. Zugunsten dieser Regenten kann man fast nur anführen, daß sie die Naturwissenschaften gefördert haben. Großherzog Ferdinand II., ein Schüler Galileos, konstruierte ein Flüssigkeitsthermometer, und sein Bruder, Kardinal Leopold, gründete die Accademia del Cimento (das heißt »Versuch« oder »Risiko«, also eine Experimentieranstalt), die erste europäische Forschungsakademie für Physik. Im naturwissenschaftlichen Museum befindet sich eine Sammlung von Instrumenten aus dieser Anstalt, darunter Galileos Teleskop, die Linse, durch die er zum erstenmal die Planeten des Jupiters – die »Medici-Planeten« – sah, und in einer Glasurne der Mittelfinger seiner rechten Hand.

Die letzten Medici hatten eine Schwäche für Kuriositäten. Ihre Architekten waren zwar der alten Bauweise treu geblieben und hatten sogar das Fort Belvedere im Stil eines einfachen, befestigten Landhauses gehalten. Doch im Innern und in den Gartenanlagen zeigt sich die Geschmacksrichtung der Eigentümer und der sie umgebenden Gesellschaft – die Vorliebe fürs Bizarre, Extravagante und Monströse. Kolossalstatuen, die riesigen Milchflaschen und Eisbechern gleichen, nachgeahmte Muscheln und lebensgroße steinerne Hunde auf Mauervorsprüngen und Rasenplätzchen liebten sie ebensosehr wie Grotten und Höhlen mit imitierten Stalagmiten und Stalaktiten. Das bevorzugte Material war Malachit, Porphyr und Alabaster. Die Großherzöge besaßen im 18. Jahrhundert zwei oder drei zoologische Gärten, und viele ihrer übrigen Anlagen, seien es Gärten oder Gebäude, waren von fast zoomorphem Charakter. Die berühmten Orti Oricellari zum Beispiel, wohin die platonische Akademie verlegt worden war und wo Machiavelli seine »Discorsi« gelesen haben soll, weisen eine Statue des Zyklopen Polyphemos auf, die fast fünfundsiebzig Meter hoch ist, außerdem die Höhle des einäugigen Riesen mit einer ganzen Zyklopenfamilie und künstlichen Stalaktiten, weiterhin ein riesiges nachgebildetes Pantheon mit falschen klassischen Grabmälern und eine imitierte Nekropolis. Genauso beliebt waren auch Personifizierungen: Im Garten der Villa della Petraia in Castello, die den Medici gehörte, steht »Florenz«, eine weibliche Brunnenfigur aus Bronze, die das Wasser aus ihren Haaren drückt, und die Villa di Castello gleich nebenan, auch ein Medici-Besitz, weist eine Grotte mit Stalaktiten, Bronzetieren und einem Fischteich auf, worin der »Apennin« in Gestalt eines Riesen steht. – Eine weitere Kuriosität sind die Thermometer in Form von Schildkröten, die zur Sammlung der Accademia del Cimento gehören.

Nach dem Bericht eines Reisenden besaß Cosimo III. in der Villa Ambrogiana bei Empoli eine Kunstsammlung, die »einer der besten Künstler in Florenz« für ihn gemalt hatte. Es waren naturgetreue Darstellungen von einhundert seltenen Tierexemplaren, »vierfüßigen und fliegenden«, darunter zwei Kälber und ein Schaf mit jeweils zwei Köpfen und mit Angaben darüber, wo und wann sie geboren waren und wie lange sie lebten. Es gehörten dazu »Porträts« *(»ritratti«)* ungewöhnlich geformter Früchte und Bäume. Die Monstrensammlung, die das Andenken an den Großherzog wachhalten sollte, scheint verschwunden zu sein. Heute ist die Villa ein Asyl für schwachsinnige Kriminelle.

Bestimmte »Schmuckgegenstände«, die heute als spießbürgerlich gelten, scheinen in gerader Linie aus der Toskana zur Zeit der Medici-Großherzöge zu stammen. Vom Florentiner Cinquecento mit seinem hochentwickelten Handwerk und der zweifelhaften Kunst der Imitation ging ein regelrechter Strom schlechten Geschmacks aus, der bis heute nicht ganz eingetrocknet ist. Die Inneneinrichtungen der großherzoglichen Paläste und Villen sind von prunkvoller, dumpfer Häßlichkeit, und man kann sich kaum vorstellen, daß sie zur gleichen Zeit entstanden sind wie die stilvollen Bauten Andrea Palladios in Venetien. Bei der Besichtigung einer Medici-Villa aus jener Zeit fühlt man sich mit einem Schlage in die Zeit der Jahrhundertwende versetzt. Hätte es damals schon

Schweizer Wetterhäuschen gegeben, die Großherzöge hätten sie sicherlich gesammelt.

Es war zur Zeit Cosimos I., als in der untergeordneten Kunst der Innenarchitektur der Kitsch zu regieren begann, und zweifellos hing damit auch eine politische Wandlung zusammen: Die menschlichen Wertmaßstäbe wurden zuungunsten der Untertanen verschoben, das Herrscherhaus proklamierte für sich und seine Günstlinge vollkommene Narrenfreiheit. Und gerade zu dieser Zeit hatten in Florenz die großen Künste der Malerei und Bildhauerei ihren Höhepunkt überschritten. Das Florentiner Cinquecento, das an seinem Anfang das kühnste aller Jahrhunderte zu werden versprochen hatte, glitt plötzlich ins Mittelmäßige ab, und ein Seitenblick nach Venedig, wo Tizian, Veronese, Lotto und Tintoretto regierten, konnte nur zu unrühmlichen Vergleichen führen. Es gab vielerlei Gründe dafür. Die Thronbesteigung Cosimos kann man nicht als Ursache anführen, sie war selbst nur ein Symptom der allgemeinen Erschöpfung, die sich auch in der Florentiner Malerei und Bildhauerei auswirkte.

Während der letzten Lebensjahre der Republik hatte die Diaspora der Florentiner Künstler begonnen. Es war nichts Neues, daß Maler, Bildhauer oder Architekten aus Florenz durch ganz Italien reisten, um zu studieren oder Aufträge fremder Fürsten auszuführen. Wie schon erwähnt, hatten Giotto, Uccello, Masaccio, Fra Angelico, Andrea del Castagno, Brunelleschi, Donatello und Verrocchio das gleiche getan. Michelozzo war mit Cosimo il Vecchio ins Exil gegangen, Masolino einem Ruf nach Ungarn gefolgt. Doch das alles waren bloße Geschäftsreisen, zeitweilige Abwesenheit vom Zentrum, und die Werke, die Florentiner Künstler in der Fremde schufen, waren wie die Florentiner Bankfilialen in Frankreich, England, Flandern, Rom und Venedig nur Zweigwerke. Das »Stammhaus« blieb daheim in Florenz, in den Werkstätten des Domviertels und der Altstadt um Santa Croce. Junge Künstler aus anderen Gegenden – Piero della Francesca aus Borgio San Sepolcro, Raffael aus Urbino, Jacopo Bellini, der Gründer der Venezianer Schule, Perugino aus Perugia – waren hierhergekommen, um die Florentinerart kennenzulernen. Luca Signorelli aus Cortona machte sich in Florenz von den sanften umbrischen Einflüssen frei, die ihn vorher beherrscht hatten, und wurde zum epischen Maler demetergleicher Frauengestalten und nackter, herkulischer Helden und übte sich in der edlen florentinischen Tradition des Wettstreits. Florenz lernte von sich selbst und legte gleichsam seine Zinsen wieder an: Der junge Michelangelo zeichnete die Fresken Giottos von Santa Croce und die Masaccios in Santa Maria del Carmine nach. Leonardo soll von Ghirlandajos »Letztem Abendmahl« im Cenacolo von Ognissanti inspiriert worden sein.

Die erste Warnung, daß sich an diesem Zustand etwas ändern würde, kam von Leonardo. Er war als junger Mann nach Florenz gekommen, hatte es – immer noch jung – wieder verlassen, war später für kurze Zeit zurückgekehrt und hatte die »Mona Lisa« gemalt. Dann ging er fort nach Frankreich an den Hof des Königs, der ihn bis zum Tode als Gast bei sich behielt. Dem Beispiel dieses ersten Auswanderers folgten viele Künstler: Michelangelo ging nach Rom, Pietro Torrigiani nach England, Jacopo Sansovino nach Venedig und der als Il Rosso Fiorentino bekannte Maler nach Fontainebleau. Im Ausland, das betont Vasari, der über das Leben Il Rossos geschrieben hat, ganz besonders, lebten sie wie Könige oder *signori,* und deshalb blieben sie bis zu ihrem Tode dort. Als Michelangelo 1533, drei Jahre nach der Belagerung, Florenz für immer verließ, blieb nur noch ein Künstler von Bedeutung in der Stadt zurück: der geistesgestörte Jacopo Pontormo.

Vasari macht keinen Hehl daraus, daß Il Rosso sich aus materiellen Gründen zur Auswanderung entschloß. Er wollte »aus Armut und Elend herauskommen, dem Los aller Künstler, die in der Toskana an ihrem Heimatort arbeiten«. Hier zeigt sich wieder der berüchtigte toskanische Geiz, der dem Künstler nicht einmal ein bescheidenes Auskommen gönnte. Darüber hinaus waren gerade damals die Zeiten besonders schwer. Als Il Rosso Italien verließ, um in Frankreich sein Glück zu versuchen, schrieb man das Jahr 1530. Kurz zuvor, während der Belagerung, war Cellini aus der Florentiner Miliz desertiert und nach Rom gegangen, um für Papst Clemens zu arbeiten. Bandinelli war nach Lucca geflohen, wo die Medici im Exil lebten, und hatte einen unvollendeten Marmorblock zurückgelassen. In den letzten Jahren der Republik waren die Privataufträge hauptsächlich von den Medici und ihren Anhängern gekommen. Zu ihnen gehörten auch die Servitenbrüder von Santissima Annunziata, die ihr Atrium von den damals besonders beliebten Malern Andrea del Sarto, Il Rosso, Pontormo und Franciabigio ausmalen und von Sangallo eine neue Vorhalle mit den gekreuzten päpstlichen Schlüsseln Leos X. über dem Eingang beginnen ließen. Dank der Freigebigkeit der Medici ist diese Kirche mit der Apsis von Alberti und mit ihrem Barockschmuck so üppig geraten, daß sie gar nicht florentinisch wirkt. Sie ist auch heute noch die moderne Kirche für Hochzeiten und Totenmessen des Adels, zu denen besondere Einladungen ergehen. Als 1527 die Medici zum letzten Male verjagt wurden, hörte damit auch ihr Mäzenatentum auf, und die Künstler lebten noch kümmerlicher als zuvor.

Die Jahre zwischen Savonarolas Hinrichtung und der Belagerung waren voller Furcht und Ungewißheit für alle Florentiner, für Künstler und Bürger, Päpste und Bankiers. Leo X. soll auf seinem Totenbett von den Schrecken der

Plünderung Pratos verfolgt worden sein, zu der er selbst die Erlaubnis gegeben hatte. Während die deutschen Söldner Rom plünderten, saß Clemens VII. als Gefangener in der Engelsburg. Später floh er heimlich nach Orvieto. Seit dem Mittelalter hatte die geheiligte Person des Papstes nicht mehr solche Schmach erdulden müssen. Gleichzeitig setzte Heinrich VIII. ihm wegen einer Scheidung zu. Die *»barbari«* trieben in Italien wieder ihr Unwesen, und mit ihnen war eine weitere Geißel des Mittelalters zurückgekehrt: die Pest, die in den Jahren 1527 bis 1528 in Florenz und seinen Vorstädten dreißigtausend Menschen dahinraffte; das war ein Viertel der Gesamtbevölkerung. Im *contado* war es die doppelte Zahl. Der Gonfaloniere Niccolò Capponi, der während der Pest standhaft in Florenz ausgeharrt hatte, als schon fast alle wohlhabenden Bürger geflohen waren, wurde kurz darauf des Verrates angeklagt und beschuldigt, mit dem Papst konspiriert zu haben. Verzweiflung und die wiedererwachende Hoffnung auf ein Wunder waren die logische Folge dieser unaufhörlichen Schicksalsschläge. Man glaubte einem dunklen Zeitalter entgegenzugehen. Guicciardini sagte einmal, wenn er die Wechselfälle bedenke, denen das menschliche Leben ausgesetzt sei, so wundere er sich, daß es überhaupt noch hin und wieder einen alten Mann oder eine gute Ernte gebe.

Jene angsterfüllte, zwielichtige Zeit regte die Historiker an, die Ereignisse festzuhalten und eine bittere Inventur zu machen. Der literarische Genius von Florenz wandte sich in diesen Jahren der Geschichte zu, als müßte das Werk schnell getan werden, bevor alle Taten der Vergangenheit zusammen mit dem bürgerlichen Staatsgebäude in Schutt und Asche fielen. Die geschichtlichen Darstellungen von Guicciardini und Machiavelli und die etwas späteren von Segni und Varchi klingen oft, als seien sie für eine Flaschenpost geschrieben: Jeder Autor schrieb die denkwürdigen Taten und Aussprüche der Florentiner seit der Stadtgründung auf, als sei er der letzte, dem das Schicksal das noch zu tun erlaubte.

Nach der letzten Vertreibung der Medici ergriff die Florentiner ein fast krankhafter Tyrannenhaß. Horden junger Fanatiker zogen umher, erprobten die Loyalität ehrenwerter gewählter Beamter und attackierten Kunstwerke. Es war Sitte, Wachsfiguren von prominenten Persönlichkeiten, lebenden oder toten, in der Annunziata-Kirche aufzubewahren, bis sie an Festtagen hervorgeholt, in reiche Gewänder gekleidet und an den Wänden des Klosters ausgestellt wurden. Eines Morgens im Jahre 1528 kam eine Bande maskierter Grobiane in die Kirche und zertrümmerte die Figuren der beiden Medici-Päpste, Lorenzos des Prächtigen und anderer berühmter Medici. Dann behandelten sie die Trümmer, als wäre die Kirche eine öffentliche Latrine. Ähnliches war schon während des Interregnums nach der Plünderung von Prato einmal geschehen. Nach öffentlichem Beschluß mußten die Embleme der Medici von Kirchen und privaten Gebäuden entfernt werden, und es wurde vorgeschlagen, den Palazzo Medici niederzureißen. Das Epitaph des alten Cosimo in San Lorenzo erhielt eine neue Inschrift, in der er nicht Pater Patriae, sondern Tyrannus genannt wurde. Michelangelo erbot sich, eine Gruppe »Samson besiegt einen Philister« auszuführen, die als republikanisches Symbol auf einem öffentlichen Platz stehen sollte; doch dann war er – ein Zeichen der neuen Zeit – zu sehr mit dem Gemälde einer »Leda« für den Herzog von Ferrara beschäftigt und konnte sein Versprechen nicht halten. Und endlich tauchten während der Belagerung sogar wieder gemalte Bildnisse erhängter Bösewichter an den Wänden der Mercanzia auf der Piazza della Signoria auf. Andrea del Sarto hatte sie des Nachts gemalt, damit ihn niemand bei der schmählichen Beschäftigung sähe. Die gemalten Staatsfeinde befanden sich leider nicht hinter Schloß und Riegel, sondern waren zum Feind vor den Toren übergelaufen. Während der ganzen Belagerungszeit wurde das kuriose Strafverfahren fortgesetzt, und die Fresken, die Andrea nachts und im Namen seiner Schüler an die Bargellomauern malte, pries man als besonders lebensecht. Ein gewisser Ghiberti, ein Nachkomme des großen Bildhauers, der die »Paradiespforte« geschaffen hatte, malte für das militärische Hauptquartier im »Goldenen Löwen« in der Via Larga ein Plakat, das Clemens VII. in päpstlichem Gewand und Tiara unter einem Galgen zeigte.

Andrea del Sarto, der 1531 starb, war in Florenz der bedeutendste Vertreter der *bella maniera Raffaels,* also eines idealisierenden »Klassizismus«, der in Rom entwickelt und schon etwas stereotyp und süßlich geworden war. Sein Meisterstück, ein »Letztes Abendmahl« im Kloster San Salvi, hatte ein merkwürdiges Schicksal. Während der Belagerung schickten die Florentiner einen Arbeitstrupp aus, der alle Gebäude im Umkreis von einer Meile um die Stadt zerstören sollte, so daß sie dem Feind nicht mehr nützlich sein konnten. Die Männer verschonten jedoch das noch neue Fresko; es heißt, sie hätten es nicht übers Herz gebracht, etwas so Schönes und eben erst Vollendetes zu zertrümmern. Die Perfektion Andreas, die heute langweilig und akademisch wirkt, enthielt noch einen Rest des Florentiner Naturalismus, der die Verbrecherporträts an der Mercanzia und dem Bargello so lebensecht erscheinen ließ. Doch gerade in den chaotischen Jahren vor der Belagerung begann als Reaktion auf Andrea der Manierismus, der sowohl von der Natur als auch von den Maßstäben der Perfektion abwich. Die »Unnatürlichkeit« der ersten Manieristen – Pontormo und Il Rosso Fiorentino – war für Cellini ein Gegenstand des Spottes. Vasari war eher bekümmert. Er sprach von *»bizzarrie«* und wunderlichen Posen, von *»certi stravolgimenti ed attitudini molto strane«*.

Man könnte den frühen Florentiner Manierismus die erste Erscheinungsform der modernen Kunst nennen, weil er für die Menschen seiner Zeit unverständlich war, die vergeblich eine vernünftige Erklärung für das suchen, was ihnen eine willkürliche Verletzung der anerkannten Schönheitsmaßstäbe zu sein schien.

Bis zu den Zeiten Pontormos und Il Rossos hatte ein allgemeines und nicht auf Fachleute beschränktes Übereinkommen darüber bestanden, was als schön und was als häßlich anzusehen sei, und das Urteil der Florentiner Bürger galt als unantastbar. Ihr spontaner Beifall für alles Neue hatte verhindert, daß dieses Übereinkommen zu einer Form des Philistertums wurde: Niemand beklagte sich je, daß Giotto nicht war wie Cimabue oder daß Brunelleschi die Pläne Arnolfos durchkreuzt hatte. Das Publikum erkannte immer schnell und mit lebhafter Anteilnahme, was ein Künstler aussagen wollte. Als Michelangelo von einem »Grillenkäfig« sprach, war allen klar, was er meinte, ebenso als Cellini sagte, Bandinellis »Herkules und Cacus« gliche einem großen, plumpen Melonensack, der an der Wand steht. Ein Scherz, der verstanden wird, ist der Beweis, daß alle mit den gleichen Augen zu sehen vermögen. Die Manieristen waren die ersten, die vom Publikum eine besondere Art des Sehens verlangten, deren Voraussetzung Verstehenwollen war. Die bekannte Frage: »Was kann man nur daran finden?«, die man heute so oft in Kunstausstellungen hört, ist wahrscheinlich vor den Werken Il Rossos und Pontormos zum erstenmal gestellt worden. Selbst heute noch werden Besucher der Uffizien, die sich nicht durch Kurse in Kunstkritik entsprechend vorbereitet haben, verwundert in den Manieristensälen stehenbleiben und sich fragen, was man jemals an dieser Kunst mit ihren seltsamen Gestalten in »wunderlichen« Stellungen und schreienden Gewändern hat finden können. Heute würde man Pontormo und auch Il Rosso als »gestörte Fälle« bezeichnen. Pontormo war ein hypochondrischer Einsiedler wie Uccello und Piero di Cosimo. Er wohnte in einem absonderlichen, hohen Hause, das er sich selbst gebaut hatte. Das Dachgeschoß, in dem er schlief und manchmal auch arbeitete, war nur mit einer Leiter von der Straße aus zu erreichen. Gewöhnlich zog er die Leiter mit einem Flaschenzug hinter sich hoch, so daß er für niemanden mehr erreichbar war, sobald er sich in seine Festung zurückgezogen hatte. Oft gab er nicht einmal Antwort, wenn seine Freunde unten an die Tür klopften. »Bronzino und Daniello klopften; ich weiß nicht, was sie wollten.« Er hatte keine Frau; doch im Alter adoptierte er einen Findling, der ihm viel Ärger machte, weil er nicht zu Hause bleiben wollte oder sich in einem Zimmer einschloß und das Essen verweigerte. Pontormo führte während seiner letzten drei Lebensjahre ein Tagebuch, aus dem hervorgeht, wie wichtig er seinen Magen, seine Nieren und sonstigen Organe nahm. Sorgfältig hat er die Bestandteile seiner einsamen, kärglichen Mahlzeiten verzeichnet. »Zum Mittagessen zehn Unzen Brot, Kohl und Betensalat.« – »Ein Bündel Trauben zum Mittagessen, sonst nichts.« – »Ein ›Fisch‹ aus Eiern« (eine *frittata* in Form eines Fisches), »sechs Unzen Brot und ein paar getrocknete Feigen.« – Der Schriftsteller Bocchi berichtet, daß Pontormo »krankhaft melancholisch« war und »Leichen in Wassertrögen aufbewahrte, um sie aufschwellen zu lassen«. Daran habe er seine Studien für die »Sintflut« gemacht, die er in der Kirche San Lorenzo malte, und der Geruch habe die ganze Umgebung verpestet. Im Gegensatz dazu erzählt Vasari, daß Pontormo schreckliche Angst vor dem Tode gehabt habe. Man habe in seiner Gegenwart das Thema nicht berühren dürfen, und der Anblick eines Leichenzuges sei ihm verhaßt gewesen. Während der Pest floh er zu den Mönchen nach Galluzzo. Il Rosso, so genannt nach seiner feuerroten Gesichtsfarbe, pflegte auf dem Friedhof vor Arezzo Leichen auszugraben, um an ihnen die Auswirkungen der Verwesung zu studieren. In seiner Wohnung am Borgo dei Tintori in Florenz hielt er sich einen Pavian, dem er beigebracht hatte, ihm verschiedene Dienste zu leisten. – Vasari behauptet, er habe in Fontainebleau Selbstmord begangen; aber nach neueren Forschungen trifft das nicht zu.

Pontormo war entschieden der größere Künstler von beiden. Sein Spätsommeridyll »Vertumnus und Pomona«, das er für einen großen, sonnigen Raum im Obergeschoß von Lorenzos Lieblingsvilla Poggio a Caiano malte, gehört zu den überzeugendsten und lebhaftesten Darstellungen bukolischer Themen. So leicht und so anmutig malten die Venezianer des 18. Jahrhunderts, und die glückliche Aufgliederung könnte von Michelangelo sein. In der Mitte des Bildes befindet sich ein großes rundes Fenster, an dessen oberem Rand zwei Putten auf Lorbeerzweigen reiten. Zwei weitere Putten sitzen unten auf einer Mauer. Zweige mit feinem Laub breiten sich wie Gefieder nach beiden Seiten aus. Darunter haben sich eine Gruppe hübscher Bauernmädchen, ein alter Mann mit einem Korb, ein Jüngling in leichtem Gewand, ein nackter Knabe und ein Hund zur Rast auf den beiden Steinmauern niedergelassen, die den Halbmond des lünettenförmigen Bildes durchqueren. Die Landmädchen – in Wahrheit sind es Göttinnen – tragen ausgeschnittene Sommerkleider mit weißen Busentüchern und bauschigen Ärmeln. Eine sitzt auf der Mauer, hat den roten Rock hochgeschürzt und läßt ein nacktes weißes Bein herabbaumeln. Die zweite trägt eine hellblaue Kopfbedeckung wie eine Dame von Vermeer. An Vermeer erinnert auch die Art, wie sie über die Schulter in den Raum blickt. Ihre Ärmel sind hochgestreift, die hübsche Hüfte leicht angehoben, und unter dem lavendelfarbenen Kleid schauen ihre nackten Füße hervor. Die dritte und Schönste trägt im hochgesteckten Haar eine violette Schleife. Sie liegt auf einen Ellenbogen gestützt und schaut den Betrachter interessiert an. Ihr Kleid ist olivengrün und hat violette Ärmel. Den freien Arm mit der leichtgebräunten Hand steckt sie in anmutiger, straffer Bewegung seitwärts aus, als hielte sie sich damit im Gleichgewicht. Die Bildhälfte jenseits des runden Fensters gehört dem männlichen Teil der Gesellschaft. Der nackte, sonnenverbrannte Knabe auf der Mauer reckt einen Arm hoch ins Laub der Zweige, während der alte Gott Vertumnus leicht gebückt neben seinem Korbe sitzt und einem alten Bäuerlein oder einem Bettler gleicht. Der Jüngling neben ihm trägt eine malvenfarbene Tunika und ein weißes Hemd mit weiten Ärmeln. – Nichts könnte besser die Stimmung eines warmen Spätsommernachmittags abseits von einer toskanischen Landstraße herbeizaubern als diese nackten Beine, weißen Tücher, leichtgelockerten Kleider, hochgestreiften Ärmel und Röcke, das Spiel kalter, präziser Farben der Kleidung gegen sonnenwarme Körper im Halbschatten des Lorbeergezweigs. Papst Leo X. hatte das Fresko zum Andenken an seinen Vater Lorenzo malen lassen. – Ein anderes Bild Pontormos, die »Kreuzigung«, die er für eine Straßenkapelle bei Castello malte – jetzt ist sie im Belvedere –, kommt mit seiner strengen, schlichten Tragik fast einem Masaccio gleich.

Wer diese hervorragenden Bilder kennt, würde niemals vermuten, daß Pontormo geistesgestört war und daß er wie Il Rosso an *»l'orrore dello spazio«* litt. Doch war es gerade diese Raumangst, die viele Werke der beiden Maler zu etwas Besonderem gemacht hat. Die erste Reaktion vor einem solchen Altarbild von Pontormo oder Il Rosso ist Verwirrung und Widerwillen. Es fehlt die Tiefe, die dritte Dimension. Die Gestalten wirken entwurzelt und starren den Betrachter an wie Geistererscheinungen. Der Raum ist zerstückelt worden, und die keinen Raumgesetzen unterworfene Anatomie kehrt wieder zu gotischen Linien zurück. Die Arme sind unnatürlich lang, die Köpfe eingeschrumpft, Hände und Füße riesengroß oder zu dürren Klauen geworden. Manche Augen sind nur Löcher mit schwarzen Rändern, andere sind in Ekstase verdreht und zeigen nur das Weiße. Die Maler haben viele Körper in wunderlich verzerrten Stellungen festgehalten. Phantastische Farben schreien aus den Bildern: fahle Grün- und Orangetöne, brennendes Rot und ein Violett, das den Augen weh tut.

Was an diesem *»primo manierismo fiorentino«* am meisten stört, ist eine gewisse Niedlichkeit, eine süßliche Einfalt, die schon bei Andrea del Sarto unangenehm auffällt. Die andächtig entrückten Gruppen auf seinen Bildern sind oft allzu »seraphisch« und erinnern an die billigen Heiligenbildchen mit einem Gebet auf der Rückseite, die an vielen Orten im Kindergottesdienst verteilt werden. Irisierende oder changierende Farben, mit denen Andrea gewisse Lichteffekte erzielte, wurden zur Spezialität der Manieristen. Dabei sind Il Rossos Farben greller als die Pontormos. Auf seinem Bild »Thronende Madonna mit Heiligen und zwei Engeln« sind alle Hauptfiguren in solche schillernden Stoffe gekleidet: Die Madonna trägt ein changierendes rosarotes Kleid mit pfirsichfarbenen Ärmeln, Johannes der Täufer einen nilgrünen Überwurf und eine malvenfarbene Toga. Sankt Hieronymus' nackte Altmännerschultern, sein faltiger Hals und frettchenhafter Kopf ragen aus einem dunkelgrauen, irisierenden Kleidungsstück heraus, das einer Taftstola verblüffend ähnlich sieht. Die Malven-, Pfirsich- und Purpurtöne spiegeln sich wie glühendes Abendrot auf der Haut der Heiligen wider. Ein rosiges, idiotisch lächelndes Kind sitzt im Schoß der Madonna. Die Augen Marias, des Kindes und der rotgeflügelten Engel sind schwarz umrandet, ihre geröteten Gesichter flekkig und beschmutzt, und die ganze Gesellschaft sieht so heruntergekommen aus, daß man glaubt, es mit nächtlichen Radaubrüdern zu tun zu haben, die sich beim Morgengrauen unter einer Straßenlaterne zusammengerottet haben. Auch andere Gemälde Il Rossos, zum Beispiel »Moses verteidigt die Töchter Jethros«, versetzen den Betrachter in die Atmosphäre eines Irrenhauses oder eines Bordells während einer Razzia. Manchmal haben Il Rosso und Pontormo aus der Madonna und den Heiligen eine wahre Zirkuspyramide gebaut, bei deren Anblick man fürchtet, einer der grellkostümierten Akrobaten könnte herunterfallen.

Die abstoßende Wirkung solcher Altarbilder war zumindest bei Il Rosso nicht zufällig. Vasari erzählt, wie der Maler für den Superintendenten des Hospitals Santa Maria Nuova ein Bild ausführen sollte. Als der Auftraggeber das angefangene Werk sah, hielt er die Heiligen für Teufel und jagte Il Rosso davon. Vasari beschreibt weiter, daß Il Rosso die Gewohnheit hatte, seinen Gestalten im Entwurf *»certe arie crudeli e disperate«* zu geben. Diesen Ausdruck milderte er später beim Malen, doch ganz sind die »grausamen und verzweifelten Mienen« nicht verschwunden. »Die Madonna mit den Harpyien« – der Titel des bekannten Gemäldes von Andrea del Sarto ist ein wenig irreführend, weil die Harpyien nur geschnitzte Figürchen in dem Podest sind, auf dem die Madonna steht; passender wäre er als Gesamtüberschrift für das Werk des Malers, den man Il Rosso Fiorentino nannte.

Il Rosso war einmal groß, als er seine »Kreuzabnahme« in Volterra malte. Aus dem Zusammentreffen seiner eigenen Raumangst mit der Erdferne des Ereignisses entstand kreischender Surrealismus: Weiße Phantomfiguren bewegen sich hastig auf einem verrückten Gitter aus Leitern und Kreuzen im luftleeren Raum.

Ganz anders und noch viel sonderbarer hat Pontormo das

Thema der Kreuzabnahme gestaltet. Die Kapelle in Santa Felicità, für die er das Bild ausführte, ist sehr dunkel, und er hat deshalb besonders helle Farbtöne gewählt. Umgeben von Frauen und Jünglingen mit perlmuttern schimmernder Haut und bonbonfarbenen Gewändern, könnte der sanft zurückgesunkene Körper Christi fast der Mittelpunkt eines Bacchanals sein. Von einem Kreuz oder einem sonstigen festen Gegenstand ist nichts zu entdecken. Im Vordergrund liegt auf dem Boden zusammengeknäuelter blaßgrüner Chiffon. Von ähnlicher Beschaffenheit sind die Kleider der Trauernden, die alle Schattierungen von Rosa und hellem Rot aufweisen, dazu sehr viel Himmelblau, etwas zartes Orangegelb und Olivgrün und eine Spur Lichtbraun. Alle Gestalten sind ätherisch-feminin, die einzige Ausnahme macht ein älterer Mann, der ein wenig abseits am Bildrand steht. Doch auch er trägt einen sehr weichen Gesichtsausdruck zur Schau; männlich wirken nur sein kurzer grauer Bart und sein braunes Gewand. Die beiden Jünglinge, die den welken Körper des Heilands tragen, haben große Augen, kurze goldblonde Locken, zarte Arme, wohlgeformte weiße Beine. Besonders beim Anblick dieser mädchenhaften Pagenfiguren fragt man sich, was die ganze groteske Gesellschaft mit dem Ereignis zu tun hat, um das es hier geht. Gerade heben sie ihre Last auf die Schultern, und doch finden sie Zeit, ihre Lockenköpfe so zu drehen, als posierten sie für einen Maler. Der linke hat ein völlig unmotiviertes, erstauntes Gesicht aufgesetzt, den hübschen Mund geöffnet und die Augenbrauen hochgezogen. Die geschickte Anordnung der Farben, die graziösen Bewegungen weißschimmernder Gliedmaßen, die ganze Choreographie des Bildes wirkt im Zusammenhang mit seinem Thema so morbid, als würde auf Golgatha ein makabres Requiemballett in unpassenden Kostümen aufgeführt.

Sobald sich angesichts eines Kunstwerkes derart unangebrachte Vergleiche aufdrängen, kann man sicher sein, daß die Kunst unter einem Spannungszustand leidet, und bei den frühen Florentiner Manieristen ist dieses Merkmal besonders auffällig. Die Losgelöstheit ihrer hageren Gestalten von der Handlung, die sie eigentlich in Anspruch nehmen sollte, und von jeglicher Empfindung, die dem Gegenstand entspricht, gibt dem Betrachter häufig Assoziationen mit Dingen aus der Alltagswelt ein. Völlig unvermittelt kann ihm zum Beispiel auffallen, daß die Barttracht des toten Christus in Pontormos »Kreuzabnahme« an Cosimo I. erinnert. Die ausgesperrte Welt des Realen drängt sich auf unangenehme Weise dort ein, wohin sie nicht gehört, und zieht eine trübe Gesellschaft von Vergleichen und Assoziationen nach sich.

Zugunsten der Florentiner Manieristen muß noch gesagt werden, daß auch sie wieder an einem Anfang standen – sie waren die ersten, die den Krampf und die Hohlheit des Cinquecento fühlten. Am frühen Florentiner Manierismus fällt vor allem auf, daß er nervös und von Alpträumen und Platzangst verfolgt ist. Die Verkrampfung in der Kunst, die ihren Ursprung in Florenz hatte, machte sich schließlich in ganz Italien bemerkbar – in Parma, Siena, Venedig und Rom. Doch die Malerei und Bildhauerei, die in der Kunstgeschichte als Manierismus bezeichnet wird – Beccafumi, Parmigianino, Michelangelo, Bronzino, Allori, Vasari, Cellini, Giambologna, Tintoretto –, hatte nur oberflächliche Ähnlichkeit mit den vor Not schreienden Werken Pontormos und Il Rossos.

In Florenz wurde unter Cosimo I. der kalte, formale Manierismus zu einem halboffiziellen Stil. Dank der Eitelkeit des Großherzogs, die noch größer war als sein Geiz, gab es in den Florentiner Werkstätten mehr Arbeit denn je. Er wollte der Nachwelt unvergängliche Andenken an seine Regierungszeit hinterlassen und übertrug diese Aufgabe den Künstlern, die gerade zur Hand waren: Vasari, Allori, Bronzino, den jüngeren Ghirlandajos, Franciabigio, Cellini (der von seinen Reisen zurück war und in der Toskana Land aufkaufte), Bandinelli, Ammannati, Giambologna. Selbst der alte Pontormo erhielt, obwohl er nicht mehr in Mode war, einen Auftrag, und das großherzogliche Paar stattete ihm einen huldvollen Besuch ab, um zu sehen, welche Fortschritte seine Arbeit in San Lorenzo machte. Ammannati vergrößerte den Palazzo Pitti, die Boboli-Gärten wurden angelegt und erhielten Grotten, Höhlen, Stalaktiten, einen künstlichen See mit einer Insel, Stechpalmenalleen – alles in dem neuen, fremden »Landschaftsstil«. Bildhauer und Maler mußten Porträts von Cosimo, seiner Gemahlin, der Nachkommenschaft, seinen Eltern und auch den entfernteren Vorfahren anfertigen. Er veranstaltete zwischen Cellini und Ammannati einen Wettbewerb, bei dem es um den »Neptun« ging und den leider Ammannati gewann. Cellini hatte sich, wie er auseinandersetzt, mit einer Speise vergiftet und war fast ein ganzes Jahr lang krank, so daß er nicht arbeiten konnte.

In Cosimos Auftrag wurde viel minderwertige Arbeit geleistet, die ihn jedoch hoch befriedigte. Er war nicht fähig, seine Künstler und Handwerker richtig zu beurteilen und zwischen Kunst und bloßer Produktion zu unterscheiden. Vasari schätzte er wahrscheinlich wegen seines erstaunlichen Maltempos so hoch ein. Die perfektionierte *bella maniera*, in der Vasari brillierte, konnte wie ein patentierter Arbeitsgang zu verschiedenen Zwecken angewandt werden, und Vasari war stolz auf die Tatsache, daß seine Generation in der Kunst eine an Automation grenzende Fertigkeit erreicht hatte, von der man in früheren Zeiten nicht einmal geträumt hatte. Mühevolle Arbeit und unlösbare Probleme der Komposition waren fast verschwunden, und vom Standpunkt eines solchen Künstlers und seines Arbeitgebers aus gesehen, war das ein ungeheurer Fortschritt. Die neuerworbene Fertigkeit erlaubte es Vasari, alle früheren »Rekorde« zu brechen. Er malte das Innere von Brunnelleschis Kuppel aus; er modelte den Palazzo Vecchio vom Keller bis zum Dachgeschoß um und malte die wichtigsten Räume aus; er baute die Uffizien und fand bei alledem noch Zeit, das Innere von Santa Maria Novella und Santa Croce zu verderben, indem er neue Kapellen einrichtete und viele alte Kunstwerke verschwinden ließ.

8

Das deprimierende Schlußkapitel in der Geschichte eines ungewöhnlichen Volkes und seiner großen Kunst hat einen merkwürdigen Epilog. Nie hat sich die Florentiner Malerei und Bildhauerei von ihrem Zusammenbruch in der Mitte des 16. Jahrhunderts erholt, und erst zur Zeit des Risorgimento wurde Florenz wieder zu einem – wenn auch kleinen – Geisteszentrum, in dem sich Schriftsteller, Politiker und Historiker wie Gino Capponi und Bettino Ricasoli von Brolio, der der »eiserne Baron« genannt wurde, und Liberale aus alten Familien zusammenfanden. Damals gründete der Schweizer G. P. Vieusseux den Lesesaal, der heute Vieusseux-Bibliothek heißt. – Doch trotz seines Niedergangs starb Florenz nicht und versteinerte auch nicht wie Mantua, Ravenna, Rimini oder Siena, noch verwandelte es sich in einen unwirklichen Traum wie Venedig. Das Florentiner Handwerk, aus dem die Kunst hervorgewachsen war, überlebte das Zeitalter des schlechten Geschmacks und der Großherzöge und überlebte auch den viktorianischen Kult, der mit geprägtem Leder und glasierter Terrakotta prunkte. Die Tradition ernster Eleganz, die auf Brunelleschi, Michelozzo, Donatello, Pollajuolo zurückgeht, hat sich inzwischen auf den Schuhmacher und die Schneiderin verlagert, und selbst die weise Beherrschung des Raums gibt es noch, wenn auch nicht in der Architektur und Stadtplanung der letzten Zeit, so doch vor den Toren der Stadt, im toskanischen Bauernland, das durch seine zweckvolle Aufteilung bezaubert. Im toskanischen Feld- und

Gartenbau hat jede Pflanze nicht nur ihre Aufgabe, sondern auch ihren bestimmten Platz. Wie Edith Wharton in ihrem kleinen Buch über italienische Gärten auseinandersetzt, sieht man in der Toskana den Garten als »Haus im Freien« an; er ist in *»stanzoni«* (große Zimmer) eingeteilt, die oft verschieden hoch liegen: das »Zitronenzimmer«, das »Orangenzimmer«, das »Kamelienzimmer« und so weiter. Das Bestreben, die Dinge auseinanderzuhalten und in deutlich unterschiedene Gruppen einzuteilen, ist altes florentinisches Erbteil. Man denke an Dantes Hölle, in der es für jede Art von Sündern einen bestimmten Platz im »zuständigen« Höllenkreis gab. – In Florenz werden noch heute Hühner nur beim *pollaiuolo,* Fleisch beim *macellaio,* Gemüse beim *ortolano,* Milch beim *lattaio,* Käse in der *pizzicheria* und Brot beim *panificio* verkauft, und bei diesem strengen System, das in anderen italienischen Städten längst nicht mehr existiert, ist es schwierig, für moderne Erzeugnisse, wie zum Beispiel Toilettenpapier, den richtigen Laden zu finden.

Diese genaue Einteilung hängt mit dem außerordentlich rationalen Denken der Florentiner zusammen und ist durchaus kein Zeichen von Rückständigkeit. Im ganzen Lande hält man Florenz für die kultivierteste Stadt Italiens, ebenso gilt der toskanische Bauer als der geschickteste und klügste aller italienischen Bauern. »Questi primitivi«, sagen die armen Leute in der Toskana mitleidig, wenn sie importierte Arbeiter aus Süditalien oder von den Inseln Sizilien und Sardinien sehen, und die Unglücklichen tun ihnen nicht nur wegen ihrer ungeübten Hände leid, sondern auch, weil sie nicht seit ihrer Kindheit an den Anblick des »Davidde« (Florentiner Kosename für Michelangelos »David«) und des *cupolone* (Brunelleschis Kuppel) gewöhnt sind und deshalb von *le cose dell'arte* nichts verstehen. In Florenz gibt es bei weitem die wenigsten Analphabeten, und das allerärmste Hausmädchen kann man in der Küche mit der Morgenzeitung in der Hand antreffen, aus der es sich die Verbrechen und *le cose dell'arte* zusammenbuchstabiert. Die Eigenschaft, die man in Italien *fiorentinità* nennt (Florenz ist die einzige Stadt Italiens, aus deren Namen ein Abstraktum geworden ist), bedeutet Geschmack und Qualitätsarbeit, wie in Frankreich das Wort »Paris«. Man kennt sie in der ganzen Welt in Form von Schuhen, Schirmen, Handtaschen, Schmuck, Aussteuerleinen, und die Firmen Ferragamo, Gucci, Bucellati, Emilia Bellini mit den Filialen in Rom, Mailand oder New York haben einen ähnlich guten Ruf in der Welt wie früher die Bankhäuser der Peruzzi, Bardi und Pazzi. *Fiorentinità* erzeugt der Florentiner Arbeiter im Overall, erzeugen Schneiderfirmen wie die Sorelle Materassi aus Aldo Palazzechis Roman, jene altjüngferlichen Schwestern mit ihren Nadeln, Scheren und Stickrahmen. Wenn die Eigenschaft gleichbedeutend ist mit Zivilisation und Bildung, so muß man sie auch den Armen zuerkennen, deren Art zu sprechen, zu denken und die Dinge zu sehen stets realistisch und ausgewogen ist. Die Florentiner Sprache wimmelt von Diminutiven, mit denen man die Bedeutung vieler Worte auf verblüffende Art abwandeln oder ihnen den einen oder anderen Beigeschmack verleihen kann, der oft sogar bedauernd und würdigend zugleich ist. Ein *»pisolino«*, ein »kleines Nicken«, bedeutet genau wie im Deutschen ein Nikkerchen, ein *»canarino«* (kleiner Kanarienvogel) ist heißes Zitronenwasser. Bildhaft auf einfache, logische Art ist auch die Ausdrucksweise der Landbewohner. Man nennt z. B. die beiden Zypressenarten, die hohe, schlanke männliche und die derbere weibliche, den »Mann« und die »Frau«. Florenz ist heute eine Stadt der Handwerker, Bauern und Gelehrten, und im Grunde hat jeder Florentiner von allen dreien etwas in sich. Es gibt hier genaugenommen keine »ungelernten Arbeiter«, weil jegliche Tätigkeit als Beruf, als spezielle Fertigkeit gewertet wird – sogar die Arbeitslosigkeit. »Was war Ihr Mann von Beruf?« – »Era un disoccupato, signora.« – Reiche Nichtstuer, wie sie in Rom und Venedig auftreten, sind hier sehr selten, und wahrscheinlich gibt es deshalb kein Nachtleben. Es fehlt die *jeunesse dorée;* die Kinder der Adelsfamilien studieren eifrig Jura, Archäologie, Architektur oder Staatswissenschaft an der Universität.

Die heutigen Florentiner gleichen wahrscheinlich mehr ihren Vorfahren im Mittelalter und der frühen Renaissancezeit als denjenigen des dazwischenliegenden Zeitabschnitts. Es kann sein, daß das mit dem Wiederaufleben des Handwerks und der kleinen Industriebetriebe und mit der Wiederkehr freiheitlicher Institutionen nach der Faschistenzeit zusammenhängt. Die Florentiner haben es nicht nötig, der Vergangenheit nachzutrauern, denn hier scheint sie gar nicht so sehr vergangen zu sein. Sie ist so nah und so wirklich wie die Uhr am Turm des Palazzo Vecchio, an der die Hausfrau die Kochzeit für ihre Spaghetti abliest. Gewiß hat sich im Laufe der Jahrhunderte vieles geändert; aber im Grunde sind das Änderungen, die sich auch im Laufe eines einzigen Menschenalters hätten zutragen können. Die Nahrung, die Pontormo in seinem seltsam hohen Haus zu sich nahm, steht heute noch auf dem Florentiner Speisezettel: gekochtes Fleisch, eine *frittata* aus Eiern, ein Fisch aus dem Arno, Kohl, *minestra,* Betensalat, Kapern, Kopfsalat, für zehn Pfennige Brot, der *radicchio* genannte bittere grüne Salat, Erbsensuppe, gekochte Äpfel, Spargel mit Eiern, *ricotta,* Artischocken, Kirschen, Melonen (die in Florenz *popone* heißen), kleine saure Pflaumen, Trauben, ein Täubchen, ein Huhn, für fünf Pfennige Mandeln und getrocknete Feigen. Lebte Pontormo heute, so äße er vielleicht noch welsche Bohnen mit Thunfisch von Elba, toskanische *ravioli,* Kaninchen und die langen Bohnen, die *serpenti* heißen.

Diese Ernährung hat den Vorteil, daß sie billig und gesund ist. Die Wirtschaftlichkeit, die Dante als Geiz tadelte, ist in den Florentinern tief verwurzelt und hat sich zweifellos in den Notzeiten unter dem Medici-Regime noch stärker herausgebildet. Jeder Bauer ist sparsam von Natur, und auch der Bauer, der in jedem Florentiner steckt, knausert, spart und streckt, wo es nur geht. In der Zeit, als Florenz Hauptstadt des geeinigten Italiens wurde, brachte eine römische Zeitung eine Karikatur, die drei Florentiner am Tisch und zwischen ihnen ein einziges Ei zeigte. Darunter stand: »Was machen wir mit dem, was übrigbleibt?« Dergleichen Witze erzählt man sich noch heute, und auch die Florentiner selbst erzählen sie mit Vorliebe. Kürzlich waren einmal alle Florentiner, die sich wegen der Hitzewelle in ein teures Seebad geflüchtet hatten, am selben Morgen aus dem Hotel ausgezogen. »Sie müssen gehört haben, daß die Hitzewelle in Florenz vorüber ist. Sicher hat ihnen jemand eine Postkarte geschrieben«, so wurde gewitzelt.

Wer in Florenz in bescheidenen Verhältnissen lebt, kauft Eier, Zigaretten und Briefmarken meist einzeln. Kohlköpfe werden in Vierteln verkauft. Die Gewohnheit sorgfältiger Einteilung hat ihren Ursprung in den geographischen Gegebenheiten der Toskana. Es gibt dort »von allem ein bißchen«, wie die Florentiner gern erklären: Eisen, Zinn, Kupfer, Zink, Blei, Marmor, Leder, Öl, Weizen, Mais, Zucker, Milch, Wolle, Flachs, Nutzholz, Obst, Fische, Fleisch, Geflügel, Wasser. Dieses bißchen bedeutet, wenn es sorgfältig eingeteilt wird, Selbstversorgung und Unabhängigkeit. Es ist, als hätte der Schöpfer die Toskana zu einem »natürlichen Königreich« bestimmt, das aus eigener Kraft bestehen kann, solange es maßhält. Das Prinzip gerechter Einteilung wurzelt hier seit dem Mittelalter buchstäblich im Boden. Schon damals wurde in der Landwirtschaft das *mezzadria*-System eingeführt, nach dem die Hälfte des Ertrages dem Landbesitzer, die andere Hälfte dem Bauern gehört, wobei der Besitzer das Kapital und der Bauer seine Arbeitskraft zur Verfügung stellt. Dadurch entrann der toskanische Bauer der Sklaverei schon Hunderte von Jahren früher als seine Brüder im übrigen Italien und den anderen europäischen Ländern, und daher rührt wohl auch seine heutige Überlegenheit und Intelligenz. Auch für den Bergbau und die Eigentumsrechte an Bodenschätzen wurden schon im 13. Jahrhundert in Massa Marittima in den Maremmen Gesetze erlassen, die damals allerdings revolutionär waren. Inzwischen ist man mit der *mezzadria,* die sich über ganz Italien verbreitet hat, allerdings nicht mehr zufrieden, weil sowohl Arbeit als auch Besitz anders bewertet werden als früher; als Ergebnis bleibt jedoch, daß sie aus dem Bauern einen freien Mann gemacht hat, bei dem sich Strebsamkeit und Verantwortlichkeit besser ausbilden konnten als bei Sklaven oder Leibeigenen.

Der Stolz der Florentiner, der so sprichwörtlich ist wie ihr Geiz, setzt materialistisch denkende Menschen häufig in Erstaunen, weil er ihnen ganz unbegründet erscheint. Was haben die Florentiner denn schon außer ihrer Vergangenheit? Kein Geld, keine Filmstars, keine Großindustrie, keine Bestseller-Autoren, keine weltberühmten Maler, nicht einmal eine Operngesellschaft; nur ein paar Kritiker und Gelehrte, »scharfe Augen und böse Zungen«, wie man in der Renaissancezeit die Florentiner charakterisierte.

Der Gelehrte, der in jedem Florentiner steckt, ist kritisch, und dieser kritische Geist ist die verborgene Quelle des florentinischen Stolzes. »O, signore, per noi tutti gli stranieri son' ugualmente odiosi«, platzte eine Maniküre heraus, als Bernard Berenson vor dem Ersten Weltkrieg versuchte, sie feindlich gegen die Deutschen zu stimmen. »Ach, mein Herr, wir finden alle Ausländer abscheulich.« – »Noi fiorentini« –

dieser so oft gebrauchte Ausdruck geht vielen Fremden, die ihn für Prahlerei halten, auf die Nerven. Dabei ist er nur eine Definition oder eine einfache Identitätsfeststellung, so wie auch die Bemerkung der Maniküre nicht als Beleidigung, sondern als Erklärung gemeint war.

Die Maniküre war ein armes Mädchen und schämte sich dessen nicht. Das ist es, was die Florentiner im wesentlichen von den Menschen der heutigen Welt unterscheidet, in der Armut beschämend und natürlicher Stolz, der nichts mit Prahlerei zu tun hat, sehr selten ist. Florenz ist eine Stadt der armen Leute, und wer nicht arm ist, dem ist diese Tatsache unangenehm, und er versucht, sie zu verheimlichen. Professoren, Bauern und Handwerker haben eines gemeinsam: Bei ihnen ist gewöhnlich das Bargeld knapp. Dem Mailänder Industriellentyp mit der geschwollenen Krokodilleder-Brieftasche und dem für Rom typischen Spekulanten begegnet man unter Florentinern kaum. Die Aristokratie ist hier mehr ein Landadel, der sich um die Ernte und das Wetter kümmert. Vom Frühjahr bis zum Herbst kommen jeden Freitag die Grafen und *marchesi* im Palazzo Vecchio, dem Sitz der Landwirtschaftsverwaltung, zusammen und handeln und schachern und tauschen Informationen aus, genau wie die Bauern unten auf dem Marktplatz. Am Donnerstag ist Markttag in Siena, und die Florentiner Gutsbesitzer, denen Weinberge im Chianti oder Val d'Elsa gehören, versammeln sich dann auch dort im Palazzo Communale. Diese Männer, gleichgültig, was sie sonst noch sein mögen – gelehrte Archivare, Amateurhistoriker, Instrumentensammler, fromme Söhne der Kirche, Autovertreter –, sind in erster Linie Landwirte, und auch ihre Frauen, die ein ausgezeichnetes Haus führen, haben meistens eigenen, ererbten Landbesitz und halten lange Besprechungen mit Landagenten und Buchhaltern ab.

Im allgemeinen interessieren sich die Florentiner nicht sehr für Aktien und Dividenden. Sie kümmern sich nur um ihr Land, um den greifbaren Besitz. Wie schon Michelangelo und Cellini, so sind auch heute fast alle Florentiner, die es sich leisten können, auf Landbesitz aus: auf ein kleines Anwesen, das man an Fremde vermieten kann; einen Hof, der Öl, Wein, Obst und Blumen liefert. Man sieht Familien der oberen Schichten am Sonntagabend von ihren Landgütern zurückkehren, den *millecento* voll Blumen gepackt, die in feuchtes Papier eingewickelt sind, damit sie die Woche über frisch bleiben; die ärmeren Leute fahren mit dem Bus zu ihren Verwandten aufs Land und kommen ebenfalls mit Blumensträußen zurück. Der Adel jagt gern, und manche alte Villa ist als Jagdhaus eingerichtet. Das Angeln im Arno und seinen Nebenflüssen ist die Passion der Handwerker und Büroangestellten, die an Sonntagen die Flußufer dicht bevölkern. Beiden Sportarten liegt dasselbe Prinzip zugrunde: der Natur etwas abzugewinnen, was möglichst wenig kostet.

Wie die Philosophin, die im Portiko von Santissima Annunziata wohnte und zierliche Flicken auf ihre Kleider nähte, so sind auch die heutigen Florentiner für Flickarbeiten und Reparaturen jeder Art besonders begabt. Die Anwendung dieses Talents gipfelt in der Restaurierung von Kunstwerken, der diffizilsten aller Flickarbeiten. In die Werkstätten und Laboratorien der Uffizien, die über die ganze Altstadt verstreut sind, werden aus den Kirchen von Florenz und aus entfernten Dörfern des *contado* Fresken und andere Gemälde, Marmorstatuen und bemalte Holzplastiken gebracht, denen hier Florentiner Professoren und geübte Fachkräfte wieder ihr ursprüngliches Aussehen verleihen. Die Art, wie man in Florenz restauriert, ist behutsamer als die deutsche Methode, die auch in London und New York angewandt wird. Aus dem Ausland kommen Kunstsachverständige und Historiker, Kritiker und Kuratoren, um zu sehen, wie man in Florenz vorgeht. Ihnen erscheinen die Handwerker in ihren weißen Arztkitteln, die an den verwaschenen Fresken herumoperieren, als Wiederbelebung des alten Florenz und der Werkstätten um den Dom. Die fremden Professoren erklimmen die wackligen Gerüste in der Bardi-Kapelle von Santa Croce, wo die Giotto-Fresken restauriert werden, staunen über die geleistete Arbeit und über den neuen, »modernen« Giotto, der zum Vorschein gekommen ist, als die im 19. Jahrhundert darübergemalten Fresken entfernt wurden, einen glänzenden, verwandelten Giotto, den Ruskin nicht kannte – Ruskin, der bedauerlicherweise all sein Lob an den Restaurator Bianchi verschwendete. Bianchi hat im 19. Jahrhundert *in toto* die Gestalt des heiligen Louis von Toulouse gemalt, die Ruskin für das bedeutendste Giotto-Fresko hielt. Sankt Louis von Toulouse ist verschwunden; das Viktorianische Zeitalter ist dahin und hat als einziges Überbleibsel einen spöttischen Franziskanerpater zurückgelassen, der als Leiter der Belle Arti von Santa Croce auf dem schwankenden Gerüst auf und ab schreitet und mit echt florentinischer Schärfe darauf besteht, daß die fehlenden Figuren »aus Gründen des Glaubens« wieder in das Fresko hineingemalt werden.

Die Giotto-Fresken in der Bardi-Kapelle, die man wirklich fast von den Toten auferweckt hat, und die anderen Nachkriegsleistungen auf diesem Gebiet – das neue Museum im Belvedere mit der herrlichen Sammlung ausgelöster und wiederbelebter Fresken und die Trinità-Brücke, neuerstanden *come era* – sind wahre Wunderwerke, denn die Wiederherstellung eines Kunstwerkes ist so etwas wie eine zweite Schöpfung. Und doch ist die Hauptarbeit daran mühevolles, sorgfältiges Ausbessern, nicht viel anders als das Strümpfestopfen der Hausfrau oder die Arbeit, die in den kleinen Möbelreparaturwerkstätten des Oltrarno geleistet wird. – Rings um die vielgeschmähte Sparsamkeit der Florentiner gruppieren sich die Tugenden, die hier zu Hause sind: die kluge Meisterung des Raums, Erkenntnis des Wesentlichen, Einfachheit, Wirtschaftlichkeit und Zurückhaltung. Wenn der fliegende Dädalos ihr eigentlicher Schutzpatron ist, so ist ihre Lokaltugend die Armut, das selbstgezimmerte Kreuz des San Giovanni dei Fiorentini, das ihn, der auch ein Vorläufer war, durch die Wüste begleitete.

In zwei Romanen der Gegenwart ist der Geist von Florenz besonders gut eingefangen: Ich habe schon Aldo Palazzeschi und seine »Sorelle Materassi« erwähnt, wo zwei ältliche Schwestern halbadliger Abstammung, Meisterinnen in der Kunst des Wäschenähens für vornehme Brautausstattungen, in ihren Büroschubladen Berge altmodischen Krams – Quasten und Fransen, Schärpen und Schleier, spanische Kämme und Schildpatt-Haarnadeln – aufbewahren, mit dem sie sich selbst am Sonntag ausstaffieren. Das zweite Buch ist »Cronache di Poveri Amanti« von Vasco Pratolini. Es erzählt von den armen Leuten im Santa-Croce-Viertel, von Handwerkern, Hausierern, Dirnen und vielen, vielen jungen Liebespaaren. In den Hintergäßchen von Santa Croce, die sehr weit von den eleganten Wäschegeschäften der Via Tornabuoni entfernt sind, kann man, wenn der Lärm der Fahrzeuge einen Augenblick lang schweigt, zwei Geräusche hören, die für das Florenz von heute kennzeichnend sind: das Rattern einer Nähmaschine und das Geklimper, das ein junges Mädchen einem alten Klavier entlockt.

Luther war eine der großen historischen Gestalten, mit denen sich Ricarda Huch immer wieder intensiv beschäftigt hat. In geradezu idealer Konzeption verkörperte Martin Luther für sie den genialen Menschen, in dem sich die »Idee« der Geschichte unmittelbar äußert. So wurde Luther auch zu einer zentralen Figur in ihrer *Deutschen Geschichte,* der sie fast 20 Kapitel – ein Buch im Buch – widmete.
Anläßlich des Luther-Gedenkjahres bringt der Verlag Kiepenheuer & Witsch diese Luther-Studie als Einzelausgabe heraus. In der Menge der Luther-Literatur nimmt sie eine Sonderstellung ein. Die Interpretation vom »Daimonion« der bedeutenden Persönlichkeit, das sich kraftvoll in die Zeitgeschehnisse hinein entwickelt, gibt dem Huchschen Luther-Porträt eine ungewöhnliche geistvolle Spannung, die zusammen mit der großen Erzählkunst Ricarda Huchs dieses Stück Geschichtsschreibung gleichzeitig zu einem Stück glänzender deutscher Prosa macht.